KB125226

~~고통~~ 구경하는 사회

구경하는 사회

~~고통~~

우리는 왜 불행과 재난에서 눈을 떼지 못하는가

김인정 지음

whale books

추천의 글

십 년 전 광주에 직장을 얻어 막 이삿짐을 풀었을 때 어떤 분이 내게 광주MBC 김인정 기자에 대해 말해주었다. 당연히 그를 알아야 하고, 최대한 빨리 만나야 한다는 듯이. 그분의 취지를, 이후 김인정의 기사를 따라 읽으며 이해했다. 그의 5.18 취재를 보라. 그는 자기가 할 수 있는 것이 아니라 누군가는 해야 할 것을 한다. 내게 그의 저널리즘은 거의 투쟁처럼 보였다. 그런 나날들의 상처와 보람이 증류된 이 책을 앞에 두고, 나는 십 년 전 그분의 마음으로 되뇐다. '우리는 당연히 김인정을 알아야 하고, 최대한 간곡히 이 책을 읽어야 한다.'

이 책을 고통의 재현에 대한 한 언론인의 자기 성찰로만 규정하는 것은 피상적이다. 재현 윤리에 대한 근원적 성찰일 뿐만 아니라 동시대 언론 환경에 대한 저항적 성찰이기도 한데, 그 환경의 배후 행위자는 뉴스 소비자인 대중과 그들의 욕망이므로, 이 책의 모든 예리한 질문은 궁극적으로 '우리'를 향해 있다. 김인정은 직업상 할 만한 반성을 한 게 아니라, 성찰하지 않는 대중을 위한 일종의 대속代贖 작업을 했다. 이 책은 정확한 질문들로 현지화된, 《타인의 고통》(2003)의 20주년 기념 속편 같다. 이제 이 책에 의지해 '우리'와 싸우자.

_신형철(문학평론가, 서울대학교 교수)

인공지능 알고리즘에 이끌려 '끼리끼리 공감'만 가능해진 지금, 연민은 더 이상 세상을 바꾸지 못한다. 하지만 그렇다고 연민하기를 멈출 수는 없다.

구독과 '좋아요', 알림 설정까지 해둔 채 늘 새롭고 특별한 고통에만 반응하는 대중은 간혹 피 냄새를 맡고 몰려드는 하이에나 무리를 연상시킨다. 공감 능력은 길러지지 않고 무뎌진다. 우리는 타인의 고통에 반복적으로 노출되며 재해를 일상적으로 받아들이고, 죄책감도 느끼지 못한 채 고통을 구경한다.

많은 뉴스가 법석을 떨며 잠시 말초신경이나 자극하고 지나가는 것 같다. 그러면 우리가 '고통 포르노'나 퍼뜨리는 '쓰레기 언론'이라고 손가락질해야 할까? 보도를 멈춰야 할까? 그렇지 않다. 여전히 변화의 가능성은 우리 안에 있다. 사회적 공감대를 불러일으키는 윤리적 저널리즘은 깨어 있는 시민 정신에 의해 가능해진다.

"뉴스는 수수께끼를 보여줄 뿐, 해결책을 갖고 있지 않다"는 저자의 말이 묵직하다. 이 말은 뉴스가 무의미한 매체라는 뜻이 아니라, 사건의 진실이 무엇인지 끝까지 추적하여 이야기를 완성하는 것은 뉴스의 제작자와 소비자 모두의 몫이라는 이야기일 것이다. 뉴스는 사건의 종결이 아니라 시작이 되어야 한다. 이 책을 읽고, '고통 구경하는 사회'를 넘어 '그다음'을 이야기하길 바란다.

_최재천(이화여대 에코과학부 석좌교수, 생명다양성재단 이사장)

김인정은 세상과 닿는 단면이 놀랍도록 넓은 작가다. 그 면적이 광활하고 비옥한 건 기자로서 살아온 시간과 관련이 깊다. 속고 싶지도 속이고 싶지도 않은 사람이 기자일 때 방황은 숙명이 된다. 고통을 측량하다가 자주 실패한 자, 취재의 핍진성과 폭력성을 곱씹어온 자가 옮긴 세계는 매끈하지도 딱 맞아떨어지지도 않는다. 나는 소망한다. 그처럼 눈을 크게 뜨고 볼 수 있기를, 그처럼 의심할 수 있기를, 그처럼 시선을 거둘 수 있기를, 그런 뒤에도 질문을 이어갈 수 있기를. 뉴스가 무슨 소용이냐고 묻는다면 이 책으로부터 이야기를 시작하겠다. 보도의 윤리뿐 아니라 응시에 관한 걸작으로 불리게 될 책이다. 수전 손택 이후엔 김인정이 있다.

_이슬아(작가, 헤엄 출판사 대표)

우리의 타임라인은 고통을 구경하는 쾌락으로 가득 차있다. 매일 갓 건져 올린 신선한 고통의 진열대 앞에서 우리는 타인의 고통을 진통제 삼아 살아간다. 서로가 서로의 희생양이 되는 이 고통의 트랙을 어떻게 할 것인가. 수전 손택의 《타인의 고통》의 뒤를 잇는 정밀한 리포트 《고통 구경하는 사회》는 '고통이 최고의 콘텐츠'가 된 사회에 던지는 기자 김인정의 묵직한 한 방이다.

'기레기, 너나 잘하세요'라는 조소를 인정한 채, 그는 각성한다. '타인의 고통'은 내 것이 될 수 없다고. 내 것처럼 착각할 때 '고통의 자리'는 쉽게 무대가 된다고. 압사의 살풍경이 벌어진 10.29 참사부터 재해 현장의 희생자들, 떨고 있는 마약 중독자들, 폭염의 쪽방촌을 통과한 그의 사려 깊은 르포는 보여준다. 왜 우리가 '타자의 고통'에 섣불리 공감하기보다 고통을 겪는 타자의 공간에 침범하는 걸 더 조심해야 하는지, 왜 우리의 얄팍한 이해력은 '타인의 고통을 모른 척할 때'가 아니라 '다 아는 척할 때' 더 나빠지는지.

단죄하거나 단정하지 않는 저널리스트를 가진 사회는 희망이 있다. 부디 한 기자가 죄의식과 책임감 사이에서 찌른 질문의 '주저흔'이 이 땅의 모든 저널리스트에게 가닿기를. 더불어 오랫동안 쾌와 불쾌를 오가며 '고통 구경꾼'으로 상처 입은 당신에게 이 책을 권한다.

_김지수(기자, 〈김지수의 인터스텔라〉 연재)

다른 직업의 내면을 들여다보는 것은 언제나 흥미롭다. 더욱이 그 직업이 우리의 생활과 밀접한 것이라면 더욱 그렇다. 사회의 공기로서, 그리고 우리의 확장된 감각기관으로서 저널리즘이 행동하는 원리와 이면을 차분히 설명해 주는 이 책은, 우리로 하여금 익숙해진 시스템의 존재 이유를 다시 한번 고민하도록 독려한다. 책이 가진 함의도 물론 좋지만, 섬세한 표현으로 그리고 따뜻한 공감으로 채워진 문장만으로도 위안을 얻을 수 있기에 뉴스에 지친 모든 이들에게 일독을 권한다.

_송길영(《시대예보: 핵개인의 시대》 저자, 마인드 마이너)

문해력의 뜻을 살면서 겪은 바를 파악하는 것으로 넓혀본다면, 이 책은 내 안에 자리한 '고통에 대한 문해력'을 곱씹게 해주었다. 그 과정이 고통에 대해 얼마나 세련되고 유려하게 입장을 표할 수 있는지 자격을 따지는 것과는 거리가 멀어 좋았다. 저자는 회한과 고뇌, 주저함과 무력감 등이야말로 참사를 마주하는 우리의 반응에서 누락된 사회적 맥락을 되살피는 동력임을 섬세히 논한다.

여기서 비롯된 김인정의 예리한 진단과 의표를 찌르는 결단은, 고통에 대한 다각도의 사유가 어떻게 나와 타인, 세상을 향한 사랑의 회복으로 이어지는지를 인상 깊게 증명해 낸다. 고로 이 책은 누군가 처한 곤경 앞에서 수없이 고꾸라진 어느 저널리스트의 참회록 너머, 끈기를 품은 채 나와 다른 존재를 향한 애정을 끊임없이 발명하려는 인간의 몸부림을 기록한 일지다.

_김신식(감정사회학자, 작가)

✖

고통을
보여주는 일

벌거벗겨진 시신 세 구가 우리 눈앞에 놓였다. 가장 가까이 놓인 시신은 유흥업소에서 숨진 채 발견됐는데, 타살 가능성이 있다고 했다. 법의관은 시신의 외표 검사부터 부검을 시작했다. 가슴과 배를 Y 자로 갈라 내장을 들어냈다. 심장과 폐를 절개해 장기 조직을 관찰했다. 위벽을 열어 안에 든 음식물을 들여다보았다. 턱과 목 부분의 피부를 절개해 피하조직과 근육을 두루 살폈다. 두피를 절개한 후 두개골을 열었다. 장기들을 시신 안 원래의 자리로 돌려보냈다. 잘랐던 피부를 봉합하여 원래의 외관으로 돌려놓았다.

우리는 작은 방에 앉아 유리창 너머로 그 모습을 보았다. 한 구의 부검이 끝나자 남성 인턴 기자 한 명이 토했다. 연달아 여럿이 고개를 숙인 채 밖으로 빠져나갔다. 나는 자리에 앉아있었다. 혈관과 내장까지 깊게 벌거벗겨지고 있는 인간의 몸이 징그럽지 않았다. 슬펐다. 축 늘어져 분해된 시신은 산 사람의 시선까지 감당해야 했다. 내가 보는 것이 옳은가, 누군가의 부검을 대학생 인턴기자가 실습 커리큘럼으로 소화하는 게 맞나 싶었다. 볼 권리나 볼 자격에 대한 의문이 머릿속을 맴돌았다. 눈으로 죄를 짓는 기분이었다. 그런 죄악감을 안고도 마지막까지 자리를 뜨지 않았다. 조금이라도 더 자세히 보기 위해 눈을 깜박이는 일도 자제했다. 부검을 보는 게 처음이었다.

부검실을 벗어나 밖으로 나오니 갑자기 눈 안으로 빛이 쏟아져 들어왔다. 세계를 새하얗게 표백하는 듯한 8월, 정오의 해였다. 살아있다는 사실에 느닷없이 놀랐다. 부검을 보고 나면 내장탕을 먹어주는 게 정석인데 아쉽네. 속을 게워내는 인턴 기자의 등을 툭툭 쳐주며, 우리를 인솔한 기자들이 농담했다. 이런 정도는, 타인의 고통을 보는 것쯤은 프로에게 별일 아니라는 듯한 약간의 허세에 가벼운 위로 비슷한 것이 뒤섞여 있었다. 아주 낡은 기자식 유머였다.

기자 세계의 초입에서 서성이던 시기였다. 인간에 대해 궁금한 게 많았다. 되도록 많은 고통을, 많은 죽음을, 더 많은 폭력과 광기를 보기 위해 그 어귀에 서있다는 건 잘 알았다. 고통을 많이 볼수록 인간이라는 종을 잘 이해하게 될 거라 기대했다. 뭐든지 최대한 많이 보고 싶었다. 잘 본 뒤에, 잘 보여주면 된다는 원론만 알았다. 고통을 보는 일, 그리고 다른 이들에게 보여주는 일에 따라 붙는 여러 복잡한 감정이나 윤리적 고민에 대해서는 아직 잘 알지 못했다.

기자가 되자 곧 사고와 재난 현장에 투입됐다. 열심히 보았다. 본다는 원죄를 어느 정도 사해줄지도 모를, 국민의 알 권리라는 직업적인 근거 하나를 빈약하게 쥔 채였다. 얼마 지나지 않아 내가 꽁무니를 쫓고, 진상을 파헤치고, 추적하는 일이 타인의 고통과 자주 뒤얽히곤 한다는 사실을 알게 되었다. 사회부 기자가 하는 일이 그랬다. 경찰서를 출입하다 보면 정돈되지 않은 눈물과 비명과 고성이 흔했다.

졸린 눈을 비비며 간밤에 치사량의 고통이 있었는지부터 확인하는 게 하루의 시작이었다. 밤사이 누가 살해되진 않았나, 불이 나서 질식해 죽진 않았나, 차에 치여 죽지는 않았나 경찰서와 소방본부에 물었다. 뉴스로 만들 만한 사건이라 판단되면 주소를 파악해 현장으로 달려갔다. 일이 일어난 흔적이 말끔하게 정리되기 전에, 고통의 흔적이라도 촬영해야 해서였다. 얼룩진 핏자국, 흩어지고 망가진 물건들, 구겨진 유서, 타고 남은 재, 여전히 타오르는 불길, 부서진 차체 같은 것들을 찍었다. 현장에서 두리번대다 목격자를 보면 달려가 붙들었다. 무슨 일이 일어났는지 묻고 말과 표정, 흥분, 당황, 연민 같은 것들을 주워 담았다.

고통의 목격을 묻는 일은 차라리 수월했다. 고통의 당사자 앞에서 마이크와 카메라를 움직이는 일은 훨씬 곤혹스러웠다. 언제든 장례식장에 갈 수 있게 늘 단정한 옷을 준비해 두라는 회사의 권고는, 뉴스를 위해서는 언제든 타인의 극단적 상실 앞으로 밀려 보내질 수 있다는 말로 들렸다. 실제로 장례식장 앞이나 안까지 쫓아 들어가 유족에게 무슨 일이 일어났는지, 얼마나 고통스러운지 자주 물어야 했다. 기자가 아니라면 흔히 하지 않을, 혹은 도저히 할 수 없는 일이었다.

아무리 일이라지만 장례식장 안까지 들어간다는 게 처음에는 괴로웠다. 무례하고 무책임한 침입 같기도 했고, 고통의 냄새를 맡고 몰려드는 하이에나 무리에 속해있는 것처럼 느껴지기도 했다. 그러나 장례식장 안에서 나온 정확한 정보로 쓰인 기사들에 몇 차례 낙종(특종을 놓치는 일)하고 나니 정신이 번쩍 났다. 죽음의 어떠한 진실이나 깊은 상실이 빚어낸 호소는 유족의 입을 통해서만 쏟아져 나올 때도 있다는 걸 알게 됐다.

직업의식이 앞서자 장례식장에 성큼 발을 들이게는 됐다. 그럼에도 고통을 겪고 있는 사람 앞에 떼 지어 몰려가는 일은 늘 버성겼다. 처음에는 뉴스에 나가면 도움이 될 수도 있다고 그들을 설득해 카메라 앞으로 끌어당겼다. 나중에는 그저, 혹시 괜찮다면 대화해 주실 수 있는지 정도만 묻게 됐다. 당신의 고통에 대해 말하고 나면 나아질 거라는 말은 알고 보니 거짓에 가까웠고, 무망한 약속은 너무나 나빠서였다.

고통스러워하는 사람들이 카메라 앞에서 눈물을 흘리면 촬영 기자는 본능에 가깝게 줌인했다. 확인해 보면 어떤 촬영 기자가 찍은 것이든 이러한 장면은 놓치지 않고 강조되어 있었다. 그렇게 하지 않은 기자는 도통 '감'이 없다고 핀잔을 들었다. 눈물이나 떨리는 입술, 고통으로 일그러진 이마 따위가 우리가 포착해야 할 고통의 '그림'이었다. 그러나 동의를 얻어 고통의 장면을 찍고 편집해 송출해 보았자 고통을 암시하는 클리셰한 이미지와 나의 성긴 문장 사이로 고통은 자주, 줄줄 새어나갔다.

어떤 고통은 보여주기가 그저 불가능해 보였다. 이를테면 이런 일을 봤다. 어린 남매가 죽은 채 발견됐다. 친부모가 유력한 용의자였다. 경찰이 문을 강제로 열고 들어갔을 때는 아이들의 송장이 미라처럼 작게 말라붙은 뒤였다. 극도로 말라붙은 살갗 밑으로 갈비뼈와 척추의 굴곡이 선연히 드러나 있었다. "부모가 아이들의 손발을 묶고 때렸다"는 진술이 나왔다는 소문이 돌았다. 한 기자가 경찰서 진술 녹화실 벽에 귀를 대고 직접 엿듣는 이른바 '벽치기'를 했다며 슬쩍 찔러주기도 했다. 기사에 적지는 않았다. 확인된 사실이 아니었다.

그런데 취재를 다녀와서 촬영본을 확인하니 이상한 장면이 하나 있었다. 경찰이 찍어둔 아이들의 시신 사진을 재촬영한 영상을 자세히 보니, 죽은 여자아이에게도 남자아이에게도 남아있는 머리카락이 없었다. 아이들의 머리가 모근이 푸르게 드러날 만큼 박박 밀려있었다. 눈을 의심하며 몇 번이고 영상을 되감게 하는 장면이었다.

사건의 쟁점은 부모가 자녀들을 학대하여 사망에 이르게 했는가였다. 머리카락을 밀어버렸다는 건 아동학대의 정황을 드러내는 매우 강력한 증거로 보였다. 그러나 동시에, 검게 쪼그라들어 미라처럼 말라붙은 아이들, 그중에서도 바짝 밀린 머리는 대중에게 '보여주면 안 되는', 혹은 '보여줄 수 없는' 고통처럼 보였다. 촬영 기자와 나는 녹화본을 돌리고 또 돌려보며 이 화면을 가려야 할지, 보여줘야 할지 의논했다. 아이들이 당한 고통을 적나라하게 보여주며 참상을 알려야 할까? 아니면 이 끔찍한 장면이 불특정 다수의 감정을 휘저어 놓지 않도록 화면을 가리는 게 나을까? 이런 유의 고통을 보여줄 수 있는지 없는지를 판별하는 명확한 규정은 없었다. 대체로는 언론사의 재량에 맡겨져 있었다.

논의 끝에 우리는 시신이 거의 보이지 않도록 모자이크를 씌우기로 했다. 진상을 알린다는 명분이 있다고 할지언정 잔인한 장면을 적나라하게 공개해도 된다는 윤리적 근거가 충분하지 않다면, 많은 사람이 쉽사리 마음을 포갤 수 있도록 '매끈한 고통'으로 만드는 게 낫다고 판단했다. 우리는 학대의 실체를 가장 잘 보여주고 있을지도 모를 장면을 싹싹 지워나갔다. 후처리가 끝나자 화면에는 아이들의 시신이 어떤 색깔로 얼룩져 있는지 정도만 남았다. 검푸른 빛이었다. 멍의 빛깔이었다.

흐릿한 빛깔만으로 아이들이 당한 아동학대와 상해치사의 끔찍함을 충분히 전달할 수 있을지 의심스러웠다. 이게 과연 맞는 걸까. 그러나 만일 원본 화면을 그대로 송출한다면, 그 이미지가 잔혹함 자체만을 소비하는 데서, 이미 죽어버린 아이들을 우리가 눈으로 한 번씩 더 죽이는 데서, 혹은 끔찍함 자체 때문에 눈을 돌리는 데서 더 나아갈 수 있을지 확신하기 쉽지 않았다.

어떤 고통을 보여줄 수 없는지에 대한 논쟁 밑으로는, 고통을 스펙터클하게 보여주고 싶은 욕망이 뿌리 깊게 흐르고 있다. 그 어두운 욕망은 뉴스 산업 전반에 지하수처럼 깔려있다. 사건 당시의 화면을 최대한 입체적으로 재구성해야 한다는 논리는, 기술이 발달해 얻을 수 있는 화면이 많아질수록 논의 없는 당위로서 단단해진다.

기자들은 사고 현장 주변의 CCTV, 블랙박스, 우연히 찍힌 스마트폰 영상까지 샅샅이 수집하도록 훈련받는다. 고통을 가깝고 자세하게 찍은 장면일수록 '뉴스 가치'가 높아진다. '그림이 좋은' 사고 뉴스는 큐시트에서 더 앞쪽에 배치된다. 같은 뉴스라도 그림이 좋지 않으면 방송 자체가 되지 않을 수도 있다. 과연 무엇이 뉴스의 가치를 결정하는 걸까.

고통과 더욱 밀착된 취재원을 먼저 찾아내는 일에도 경쟁이 붙는다. 예시로 들기조차 조심스러운 뼈아픈 '보도 참사' 사례지만, 4.16 세월호 참사 당시에 나를 포함한 기자들은, 꽤 주저하면서도 결국 마이크와 카메라를 들고 유족 앞으로 모여들었다. 현장에 첫 유족이 도착했을 때, 망설임 없이 다가갈 수 있는 기자는 적어도 나의 가시권 안에는 없었다. 한참을 주저하던 끝에 한 기자가 유족이 있는 방의 문을 조용히 두드리자, 다른 기자들이 소리 없이 뒤로 따라붙었다. 문이 열리고 유족이 카메라 앞에 어렵사리 앉아주었지만, 적당한 질문을 찾지 못해 기자들 역시 한참 헤맸다. 모두에게 초면인 고통이었다.

머뭇거림으로 가득 찬 취재였지만, 일단 인터뷰와 화면을 확보한 다음부터는 모든 게 다급했다. 모든 주요 방송사가 관련 뉴스 특보를 경쟁적으로 내보내고 있는 상황이었기에 무엇을 가릴지에 대해 논의를 하기도 전에 앞다투어 보도하기 바빴다. 결과적으로 유족들이 눈물을 흘리고 고통스러워하는 모습이 반복적으로 미디어에 노출되었다. 24시간 특보를 다 채울 수 없을 때나 새롭게 확보된 장면이 없을 때는 무참하게도 이미 나간 뉴스 화면이 계속해서 재활용됐다.

시간이 흐르자 대규모 슬픔의 전시와 고통의 포르노를 멈춰달라는, 너희들은 기자가 아닌 기레기라는 비난이 들끓었다. 성난 대중의 반응을 보고 나서야 언론사들은 가까스로 방침을 바꿨다. 유족들의 모습을 전체적으로 모자이크하라는 지침을 내려왔다. 당시 CNN은 유족들의 표정을 보여주는 것을 최소화하며, 시신이 옮겨질 때 경찰들이 고개를 숙이며 곤혹스러운 표정을 짓는 것을 보여주는 식으로 방송 화면을 편집했다. 적어도 이 태도는 덜 착취적으로 보였고, 한국의 '쓰레기 언론'들과 달리 윤리적인 보도를 했다는 여론의 평가를 받았다.

매체가 고통의 스펙터클에 일정 분량의 시간을 할애하기를 애호한 게 먼저였는지, 대중이 뉴스 안에서 일정한 양 이상의 고통을 보기를 원한 게 먼저였는지는 알 수 없다. 어느 분야에서건 수요와 공급은 서로를 북돋고 창출해 낸다. 무엇이 먼저였든, 언론은 오늘도 안방의 브라운관 앞까지, 손안의 스마트폰 화면 앞까지 고통을 질질 끌어다 놓는다.

고통의 필터이자 고통의 확성기가 된다는 선천적 모순에 휩싸여, 기자들은 매 순간 저울질을 한다. 어떤 고통을 보여줄지, 이 보여주기가 윤리적인지, 혹은 어떤 고통을 가릴지, 이 가림이 윤리적인지에 대해. 실패하면 누군가에게 씻을 수 없는 상처를 줄지도 모르는 이 저울질은 하릴없이 아슬아슬하다. 상황에 따라 들쭉날쭉 변화하는 기준에 부응하는 일은 언뜻 불가능하고 위태로워 보이기도 한다.

그렇다고 시도를 멈출 수는 없는 일이다. 고통의 저널리즘이 안방에서 안전하게 즐길 수 있는 볼거리로 전락해 남의 고통을 무례하고 폭력적으로 소비하는 유해한 저널리즘이 될지, 인간에 대한 연민을 느끼게끔 하고 사회적 공감의 기폭제 역할을 하는 윤리적 저널리즘이 될지가 이 개별의 저울질에 달려있어서다. 이 저울질이 끝내 성공할지는 한 고통이 발생하고 보도가 시작되는 순간마다 매번, 정말이지 매번, 미지의 영역이다.

차
례

3장 나와 닮지 않은 이들의 아픔

4장 세계의 뒷이야기를 쓰기 위해서

1장

새롭고 특별한 고통이 여기 있습니다

여기 문제가 있어요.

여기에 썩어가고 있는 문제가 있어요.

엄청나게 심각한 문제입니다.

피해자가 여기에서 죽어가고 있어요.

좋아요와 리트윗,
그 이상

✖

2022년 10월 29일, 이태원에서 대형 압사사고라는 참사가 시작된 직후부터 인터넷에서는 동영상이 끝없이 번지고 있었다. 소셜미디어에 이태원이라는 지명을 검색하기만 해도 사고 장면을 적나라하게 담은 영상이 끊임없이 재생되었다. 사람들이 구조를 바라며 간절히 손을 뻗는 모습과 의식을 잃고 심폐소생술을 받는 모습, 희생자의 얼굴을 천으로 덮어둔 모습이었다. 영상의 정보량은 참혹하리만치 압도적이어서, 사고를 당하고 있는 사람들의 얼굴과 표정, 형체를 생생히 지켜볼 수 있었다.

영상은 소셜미디어를 타고 실시간으로 퍼졌고, 수많은 '좋아요'와 '리트윗'을 받았다. 원본 영상이 지워지더라도 정체를 알기 힘든 '봇'에 가까운 계정들이 나타나 끊임없이 반복해서 게시했다. 이태원 사고 영상과 사진을 한자리에 모아뒀다며 블로그 유입을 노리기도 했다. 잠시만 인터넷에 접속해도 쉴 새 없이 영상이 보였다.

온갖 각도에서 찍힌 동영상이 보여주는 정보는 카메라 앞에서 일어나는 참상만은 아니었다. 이 영상들이 더욱 뚜렷하게 보여주었던 건 카메라 뒤에서 일어난 일과 카메라 뒤에 있던 사람들이었다. 바이럴된 영상들은 각기 한자리에 고정된 각도로 사고를 무척 가까이에서 지켜보고 있었다. 영상에서 우리는 다음과 같은 시선을 목격했다. 압사 현장 바로 앞에서 심폐소생술을 받고 있는 사람들을 빤히 지켜보는 시선, 인근 가게에서 창밖으로 몸을 내밀거나 테라스에서 팔을 쭉 뻗어 사고 현장을 조감하는 시선, 더 많은 것을 보려는 듯 휙휙 고개를 돌려 소방당국의 상황과 희생자들의 모습을 번갈아 살피는 시선, 의식을 잃고 쓰러져 있는 사람의 얼굴을 확대하여 조금 더 자세히 보려는 시선.

영상 각도를 토대로 상황을 복구하면, 누군가 바로 앞에서 죽어가고 소방당국과 의료진, 시민이 응급처치에 나서는 와중에 스마트폰을 꺼내들어 렌즈를 현장에 겨누고 녹화 버튼을 누르는 사람의 모습이 보인다. 10.29 참사 당시 촬영된 영상이 증언하는 것은 바로 이것이다. 다름 아닌 구경꾼들의 존재.

목격은 눈으로 직접 보는 일이고, 구경은 흥미와 관심을 가지고 보는 일이다. 둘 다 보는 일이지만 목격이 가치중립적이라면, 구경할 때 눈은 흥밋거리와 관심거리를 찾는다. 실시간으로 참사가 벌어지던 때, 이태원에서 무슨 일이 일어나고 있는지를 검색하던 사람들이 피할 수 없었던 '불편한' 이미지들은 무엇을 보여준 걸까?

온라인에서 사람들이 영상을 유포하지 말아달라고 호소하고, 일부 방송사가 이 현장 영상들을 뉴스에 쓰지 않겠다고 선언한 이유는 단지 영상에 찍힌 모습의 참혹함 때문만은 아니었다. 이미지가 끔찍해 보인다는 것이 늘 그 장면을 볼 수 없는, 보면 안 되는 이유가 되지는 않는다. 영상에 대한 광범위한 비판에는 피해자들의 초상권과 더불어 촬영자들의 태도가 큰 영향을 줬다고 본다. 구조 인력이 절실했던 상황에서 충분히 도울 수 있는 거리에 있었던 것으로 추정되는 촬영자들이 구조 대신 촬영을 선택했다는 사실이 보는 이들을 괴롭혔다.

영상을 본 사람들은 사고 현장에 서서 '구경하는 눈'을 간접 체험했다. 각자의 상황이 다양했으리라 추측하지만, 죽음을 구경하는 카메라가 이미지를 보는 사람까지 구경꾼으로 만들어버린다는 사실은 부정하기 어렵다. 소방청 119대응국장은 참사 열흘 뒤 중앙재난안전대책본부 브리핑에서 "현장에서 많은 사람이 사망자들의 사진을 촬영하는 등 현장 지휘와 질서 유지에 방해가 있었다"고 말했다.

그렇지만 목격과 구경을 구분하는 기준은 있을까. 구경꾼이라
는 혐의를 피하기 위해 부단히 내부 단속을 해온 언론의 경우는
어떨까. 세월호 참사를 계기로 마련된 한국기자협회의 재난 보도
준칙에 관련 규정이 나와 있다.

제4조(인명구조와 수습 우선) 재난 현장 취재는 긴급한 인명 구조와 보호, 사
후수습 등의 활동에 지장을 주지 않는 범위 안에서 이루어져야 한다. 재난
관리 당국이 설정한 폴리스라인, 포토라인 등 취재 제한은 특별한 사유가
없는 한 준수한다.

제7조(비윤리적 취재 금지) 취재를 할 때는 신분을 밝혀야 한다. 신분 사칭이나
비밀 촬영 및 녹음 등 비윤리적인 수단과 방법을 통한 취재는 하지 않는다.

제15조(선정적 보도 지양) 피해자 가족의 오열 등 과도한 감정 표현, 부적절
한 신체 노출, 재난 상황의 본질과 관련이 없는 흥미 위주의 보도 등은 하지
않는다. 자극적인 장면의 단순 반복 보도는 지양한다. 불필요한 반발이나
불쾌감을 유발할 수 있는 지나친 근접 취재도 자제한다.

제18조(피해자 보호) 취재 보도 과정에서 사망자와 부상자 등 피해자와 그
가족, 주변 사람들의 의견이나 희망사항을 존중하고, 그들의 명예나 사생
활, 심리적 안정 등을 침해해서는 안 된다.

제19조(신상 공개 주의) 피해자와 그 가족, 주변 사람들의 상세한 신상 공개
는 인격권이나 초상권, 사생활 침해 등의 우려가 있으므로 최대한 신중해
야 한다.[1]

준칙에 따르면 재난 현장에서 촬영은 인명 구조 등 긴급 활동에 지장을 주지 않는 한에서 허용된다. 또 피해자 가족의 오열 등 감정을 과도하게 강조하거나, 신체 노출을 보여주는 것과 같은 흥미 위주의 보도를 해서는 안 된다. 지나치게 가까운 거리에서 촬영하거나 자극적인 장면을 단순하게 반복하여 내보내는 것은 지양한다. 피해자와 그 가족, 주변 사람들의 신상이 공개되지 않도록 주의한다. 당시 현장에서 찍힌 대부분의 영상들은 이 준칙을 따라야 하는 언론인이 찍은 건 아니었지만, 이 모든 요소와 대척점에 있다.

사고 초기부터 프리랜서 한국인 기자로 외신 취재에 투입된 터라 사고 당시 영상과 그에 대한 반응을 꽤 많이 보았다. 눈여겨보았던 것 중 하나는 영상을 찍은 사람들이 비난에 시달릴 때 감싸듯 나오던 말이었다. "방송국에 제보하려고 찍은 것일 수도 있다."

이 지점에서 나는 매번 멈칫거렸다. 사고가 날 때마다 여러 각도에서 여러 기기로 촬영된 영상을 바닥부터 싹싹 긁어모으는 훈련을 받고 그걸 재구성해 송출해 온 기자로서, 이 영상을 어디까지 비난할 수 있나? 어쩌면 '그런 식'의 영상물이 자주 방송 뉴스에 나온다는 걸 사람들이 학습해 온 건 아닐까? 무엇보다, 이 영상들은 언론사가 방송하는 영상과 얼마나 비슷하고 얼마나 다른가?

사고 현장에서 언론사들은 의료진이나 구급대원의 역할과는 확연히 다른, 일어나는 일을 바라보는 카메라의 역할을 맡고 있지 않은가? 기자의 카메라는 공적 기능을 수행하고 있다는 이유만으로 '구경꾼'의 시선이라는 비난에서 간단히 자유로워질 수 있는 걸까? 기자들은 촬영자들이 직접 제보하지 않은 경우에도 영상을 다운로드하는 여러 기술을 활용하여 영상을 확보했다. 논란이 된 동영상들은 사고 초기에 여러 뉴스 채널을 통해 방송되었다. 영상에 대한 여론을 의식해 뒤늦게 사고 당시 영상들을 일제히 쓰지 않기로 한 국내 언론사들의 결정에 수긍하면서도, 일견 공범자가 손을 터는 듯한 위화감을 느꼈다.

'아무것도 하지 않는 카메라'에 관한 오랜 공포가 있다. 찍고 있지만 상황을 냉담하게 기록할 뿐, 상황을 개선하지 않는 카메라. 이 공포는 카메라를 꺼내들어 남의 절박한 고통을 보고 듣고 기록하고 생중계하는 순간부터 시작돼 편집하고 재구성한 뒤 널리 퍼뜨린 이후까지 이어진다. 공포의 근원은 이걸 찍어서 보여준 뒤에도 내가, 이걸 본 뒤에도 우리가 아무것도 하지 않거나 못할 수도 있다는 데 있다.

저널리즘에서 직접적 행동의 책무는 어쩌면 매우 의도적으로 도려내져 있다. 객관성을 유지해야 하는 저널리즘의 특성상, 눈앞에서 일어나는 일에 적절한 거리를 둔 채 감정을 섞지 않아야 한다는 원칙이 적용되기 때문이다. 기자들의 실무는 고통을 보여주고 전달하는 데서 대체로 멈추곤 한다. 기자가 어떤 부분에 어느 정도까지 개입할 수 있는지 혹은 해야 하는지는 오랜 논쟁거리다. 상황에 따라 유연하게 적용되어야 하겠지만, 취재 전후에 기자가 직접적으로 사건에 개입할 경우 중립성에 논란이 생길 수 있다.

대신 저널리즘은 목격 자체를 전달한다. 사진과 영상은 때로 너무나 직접적이라 마치 그 자리에 있었던 것처럼 느끼게 하여 보는 사람을 목격자의 자리로 끌어온다. 행동을 촉구하는 한편 그에 따른 죄의식이나 부채 의식, 때론 지켜보는 우리는 무고한 사람이라는 면죄부 역시 함께 전달하거나 위임한다. 따라서 기자들에게 하나의 기사나 촬영이 윤리적이었는지에 대한 완전한 판단은 대개 꽤나 시차를 두고 일어난다. 아무것도 하지 않았다는 평가 범위에는 시청자들의 관심과 행동, 세상의 움직임까지가 포함되기 때문이다. 이는 사람들이 보고도 아무것도 변하지 않는다면 결국 대규모 구경이 되어버릴 위험성이 생긴다는 이야기이기도 하다. 사고 현장을 둥글게 둘러싸고 카메라를 든 채 지켜보는 구경꾼들처럼.

전통적으로 이런 공포는 이미지를 생산하고 유포할 힘이 있는 소수의 몫이었다. 그러나 이제 이 공포의 주체를 뚜렷하게 구분할 수 없다. 카메라가 한 대씩 탑재된 스마트폰과 이미지 전달 도구로 활용할 수 있는 소셜미디어를 발판 삼아 더욱 많은 사람이, 더욱 많은 사람을 향하여 고통의 중개인이 되고 있기 때문이다. 고통을 중개하는 일에는 윤리적 딜레마가 따라붙는다. 전달하는 선택을 하는 순간, 동시에 다른 행동을 할 책임을 방기하게 된다는 딜레마.

언론사의 취재 과정에 비해 모든 권한과 책임을 일임하는 개인은 윤리적 평가 역시 더 즉각적으로 받게 된다. 10.29 참사 때 사건 현장을 촬영해 어떠한 후작업도 없이 날것의 영상을 고스란히 공유한 사람들이 폭발적인 비난에 부딪히게 되었듯이 말이다. 기자이자 작가인 조앤 디디온Joan Didion은 "글 쓰는 사람들은 언제나 누군가를 팔아넘기고 있다는 것"[2]이라고 말했지만 비단 글뿐인가. 타인의 고통을 재현하는 사람들은 어떠한 매체를 활용하든 이 혐의에서 빠져나가기 어렵다.

그렇다고 해서 촬영이나 글쓰기 등으로 타인의 고통을 재현하는 일, 혹은 전달하는 일 자체가 잘못되었다고 하는 건 지나치게 단순한 비판일 것이다. 불완전한 시도라고 해서 근본부터 잘못되었다고 일갈하고 마는 것은 해결책 없는 공허한 진단일 뿐이다. 고통의 재현이란 사실 전달과 적극적 조명, 착취와 대상화라는 상이한 평가 사이에서 끊임없이 흔들리는 추를 따라다니는 일과도 같고, 구경과 대면 역시 현실에선 정확하게 갈라낼 수 없을 정도로 엉켜서 일어난다. 흥미 때문에 모여든 군중의 수가 역설적으로 변화를 불러일으키는 촉매 역할을 하기도 하고, 목격자가 되려고 했지만 아무것도 하지 못한 나머지 결국 구경을 한 데 지나지 않았다는 자괴감을 느끼게 될 수도 있다.

오늘날 인터넷에 접속하는 사람은
범람하는 이미지에 무방비로 노출되며
사고 현장의 구경꾼으로 전락할 위험에 빠진다.

한 가지 확실한 건 고통의 중개인이 미디어든 개인이든, 남의 고통을 궁금해하고 알아내는 일은 도움을 주고 해결해 주기 위해서라는 이유가 아니라면 정당화하기 힘들다는 사실이다. 타인의 고통을 소비했다는 죄의식은 대개 목격하고도 아무런 조치를 취하지 않았기 때문에, 행동하지 않았기 때문에 생겨난다.

사진과 영상은 찍혀있는 대상과 보는 이들 사이의 시차와 거리를 속이곤 한다. 무언가 해야 할 것만 같은 장면을 보게 된 사람들이 느끼는 도덕적 좌절감은, 상황과 분리되어 있어 당장 조치를 취할 수 없었다는 사실을 다소간 잊은 채로 끓어오른다. 다만 부글거리는 감정이 끓는점을 넘어 행동화되리라는 보장은 없다. 가상체험에 가까운 목격이 주는 충격과 추동력은 '스크랩'과 '좋아요' 기능으로 영상을 실어 나르거나 말을 보태는 것으로 어느 정도 해소될 수 있다. 이는 기자들이 고통을 짊어 나른 뒤에 말을 보태 화면과 지면 위로 쏟아놓고 나서 할 일을 마쳤다고 느끼는 감각과 유사할지도 모른다.

고통의 전달자가 늘어나고 있는 현상은 고통을 효과적으로 알리는 데 긍정적일까? 아니면 구경꾼을 양산하는 데 기여하고 있는 것뿐일까? 전달은 행동의 일부로 인정받을 수 있을까? 좋아요와 스크랩 기능이 관심 자본의 주축이라는 걸 고려할 때, 사람들이 조금씩 시간을 쪼개 기꺼이 고통의 컨베이어 벨트 앞에 선 노동자로 참여하는 현대 사회는 고통을 다루는 데 조금 더 적극적이게 된 셈일까?

이 모든 질문에 선뜻 답변하긴 어렵지만 적어도 영상을 찍고 전달한 사람들은 고통의 중개인인 동시에 현장의 목격자로서, 두 역할에 따라붙는 윤리적 딜레마의 촘촘한 그물망에서 도무지 실패하지 않기 어려워진다는 건 확실해 보인다. 촬영의 의도부터 영상을 공유하는 매체와 방법을 결정하는 것까지 윤리가 개입할 수 있는 빈틈은 너무나 많고, 미끄러질 틈도 많다.

현실의 모든 저널리즘이 이 전제에 충실하지는 않다는 걸 인정할 수밖에 없지만, 저널리즘은 진실을 전달하고 정보와 지식을 널리 공유하여 사람들이 더 나은 판단을 하도록, 세상을 더 좋은 방향으로 움직이도록 설계되어 있다고 믿는다. 이 원칙 아래서 기자들은 어디까지 목격하도록 해야 단순한 충격이나 선정적 자극이 아닌 효과적인 목격이 될 수 있을지를 고민하며 충격적인 현장 영상을 적절하게 처리하여 부분적으로 공개해야 한다. 시청자와 독자들을 최대한 많이 포섭하고 관심을 끌려고 하는 미디어의 속성은 이 전제 아래서나 겨우 용서받을 수 있을 것이다.

미디어가 아닌 개인이 이 과정에 참여할 때도 전제는 마찬가지라고 생각한다. 10.29 참사 당시 실시간으로 공유된 영상에는 희생자들을 보호하기 위해 대중이 보지 말아야 할 부분이 너무도 많이 포함되어 있었지만, 각자가 감당할 수 있는 선에서 우리가 보아야 하는 부분 역시 존재했다고 생각한다. 컨트롤 타워가 제대로 작동하지 못했던 그 공간에서, 길을 걷던 사람들이 죽어갔다는 사실 자체는 반드시 보이고 기억되고 증언되어야 할 비극이었다.

숨가쁜 추모와 기간을 정한 애도를 하며 '슬픔을 정치에 이용하지 말라'고 자못 엄숙한 목소리를 내는 이들이 있었다. 그러나 타인의 고통을 본 뒤 슬픔에만 머무르라고 강요하는 건 이상하다. 구경하는 눈이 되지 않기 위해서는 해야 할 일이 많으니까. 본 뒤에는 우리끼리 눈을 마주치고 우리가 어떻게, 어디로 가야 할지를 함께 고민하는 일이 남아있으니까. 어쩌면 이런 선언은 참사의 책임을 묻기 위해 정치가 가동되는 순간을 원천 봉쇄하는 커다란 부작용을 낳고 있지는 않을까? 하나의 고통이 사회적으로 알려져야 하는 이유는 다양하고, 슬픔은 많은 이유 중 하나이지 전부가 될 수 없다.

우리가 고통을 보는 이유는 다른 이의 아픔에 공감하기 위해서이기도 하지만, 연대를 통해 느슨한 공동체를 일시적으로나마 가동하여 비슷한 아픔을 막아내기 위해서이기도 하다. 이 일이 왜 일어났는지 살펴보고, 누가 잘못을 저지른 것인지 알아내고, 구조적인 문제점을 파헤쳐 참사가 반복되지 않도록 감시하는 게 동료 시민의 역할이다. 우리의 시선이 어디에, 얼마나, 어느 정도의 섬세함으로 머물러야 하는지, 어느 방향으로 옮아가야 하는지까지가 이야기되어야 한다. 기자의, 미디어의, 카메라의 윤리가 결정되는 것도 이러한 지점에서다.

만일 슬픔에만 머물러야 하는 경우가 있다면, 그 이유 역시 매우 명확해야 할 것이다. 정치와 슬픔은 공존할 수 없는 단어가 아니다. 어떤 슬픔은 사회적 실패에서 오고, 공공영역의 오류를 해소하는 것이 정치이기 때문이다. 우리가 함께 목격한 장면이 구경거리로 소비되지 않기 위해서는 정치적 대화가 필요하다. 그 대화는 피해 당사자와 유가족의 목소리를 듣고 또 듣는 일부터 시작되어야 한다.

다시 10.29 참사 현장에서 찍힌 영상 이야기로 돌아가 보자. 더없이 취약한 상태로 의식을 잃은 희생자들의 모습을 건강히 서있는 사람이 내려다보며 촬영한 영상은, 그 상태의 격차 때문에 보는 사람들로 하여금 더욱 불쾌감을 느끼게 한 측면이 있다. '나의 영역' 밖에서 일어나는 일을 상대적으로 안전한 자리에서 궁금해하며, 신기해하며, 때론 불쌍해하며 구경하는 일은 끔찍하다.

우리는 모두 자신의 피부에 감싸여 있기에, 나의 피부 바깥에서 일어나는 고통을 제대로 알거나 이해하기란 어쩌면 불가능한 일인지도 모른다. 기껏해야 우리는 "나일 수 있었다"나 "나의 가족이나 친구일 수 있었다"는 비유를 써야 겨우 아픔을 내 것처럼 만들어 상상할 수 있는, 불완전한 존재들이니까. 이러한 인간적

현실을 기반으로 생각해 본다면 타자에 대해 생각하려는 시도는 대상화의 위험성을 늘 내포하고 있다.

그러니 대상화를 무작정 멈추라는 말은 함정이다. 타인에 대한 말하기가 멈출 수 있기 때문이다. 서로를 도울 기회를 알지도 못한 채 지나칠 수 있기 때문이다. 나의 시선이 구경이 될 수 있다는 걱정에 빠져서 고통을 보는 일 자체를 멈춘다면, 그것은 또 다른 인간성 실패의 시작일 것이다. 우리의 눈은 움직일 수 있다. 자랑스럽지 않은 이유로 머물렀다고 하더라도 더 나은 곳으로 분명히 이동할 수 있다. 본 뒤에 무엇을 할 것인지가 더 중요하다. 전달과 전달, 중개와 중개를 통해 유예되어 버린 행동의 가능성이 당신에게 있으니까.

그러므로 구경으로 시작됐다고 하더라도 그 시선을 멈추지 말기를. 여력이 된다면 포기하지 말고 움직이기를. 행동이 절대선은 아니라는 것을 잊지 않기를. 시급한 진단의 효용과 오용을 잊지 않은 채 무엇을 해야 하는지를 사유하기를. 때로 대중이 활용하는 기술은 부당할 정도로 쉽게 공격받는다. 인터넷에서 간단히 볼 수 있는 큰 단위의 숫자만으로 무언가를 주체적으로 경험하고 행동했다는 효능감을 느끼는 것은 경계해야 하지만, '좋아요'와 '리트윗' 같은 대중화된 기술의 효과를 괄시하거나 폄하할 필요 역시 없다.

인터넷에서 펼쳐지는 말의 향연은 당연히 충분치 않다. 그걸 알고 있으면 된다. 비평가 존 버거John Peter Berger가 말했듯이, 타인의 고통을 보고 난 뒤 충격을 개인의 '도덕적 무능'으로 연결해 그 감정에 지나치게 매몰될 필요도 없다. 때론 죄책감이라는 통증을 넘어서야 타인의 고통에 다가가는 길이 열린다는 걸 말하고 싶다. 나의 것이 아닌 고통을 보는 일에는 완벽함이 있을 수 없으므로. 우리가 서로의 부족함을, 미욱한 애씀의 흔적을 조금씩 용인하면서라도 움직이기를 바라기에.

구독과 좋아요,
알림 설정까지

✖

뉴스 알림이 울린다. 환하게 빛나는 스마트폰을 집어든다. 물론 충격적인 소식이다. 단독이고, 긴급이다. 논란이고, 갈등이다. 놀란 마음은 갈급한 호기심으로 이어진다. 타인의 반응을 훑기 위해 댓글을 뒤적이다가 소셜미디어로 건너간다. 쉴 새 없이 이어지는, 때로는 과다하기까지 한 정보에 어떻게 반응해야 할지 머리가 멍해질 수도 있지만, 감정적이거나 지적인 공백을 걱정할 일은 없다. 반응과 분석과 해석 역시 실시간으로 공급되기 때문이다. 끊임없이 업로드되는 뉴스에 대해 제법 업데이트된 반응을 취하려고, 사이버불링으로부터 안전한 반응을 하려고, 적어도 동시대인으로서 사회적 기대치를 충족하고 싶다는 욕망에 휩싸인 채 스크롤을 내린다.

뉴스에 대한 윤리적 반응의 평균치를 간파하는 일은, 타임라인에서 솟아오르는 필터 없는 말들 속 누군가의 예리함과 정의로움, 누군가의 아둔함과 천박함 사이에서 흔들리며 중심을 잡는 것으로 매번 새롭게 갈음된다. 그러는 사이 별다른 여과 장치 없이 세간의 통념에 흠뻑 젖고 있다는 걸 깜빡 잊게 된다. 감정을 건드린 뉴스를 온라인 공간 이곳저곳으로 실어 나르고, 분석이나 분노의 말을 한두 마디 빠르게 보탠다. 비슷한 생각을 가진 사람들에게서 즉각적으로 그 의견이 좋다는 반응을 얻는다.

인터넷의 사용자 인터페이스가 설계된 방식에 따라, 우리가 하나의 뉴스에 대해 차분히 생각하는 시간은 길지 않다. 뉴스를 보고 안타까움에 미간을 찌푸렸다가도 금세 쏟아지는 다른 뉴스에 반응해야 한다. 타임라인을 뒤흔들고 있는 여러 뉴스가 무한 스크롤과 함께 무한히 이어진다. 갱신의 주기는 초 단위다. 속도는 빠르고, 양은 방대하다. 알고리즘이 추천하는 기사나 남들이 많이 봤다는 기사가 눈앞에 밀려든다. 끝없는 정보의 토끼굴로 빠져들어 간다.

하나의 뉴스가 탄생하여 우리의 타임라인에 흘러드는 과정에는 다양한 맥락과 관점, 이해관계가 복잡하게 얽혀있지만 그 과정은 깔끔히 감춰진 채 편집의 결과물만이 스크린을 채운다. 뉴스의 유래를 곰곰이 따져보기도 전에 우리의 타임라인은 자극으로 가득 찬다. 우리는 끊임없이 더해나가는 방식인 덧셈형으로 정보를 습득하는 데는 이미 익숙하지만, 정보를 흡수하는 과정에서 이미 본 것, 방금 지나간 것에 대해 망각을 유도하는 듯한 소셜미디어와 콘텐츠 플랫폼의 영향권에서 벗어나기 어렵다. 울었다가 화냈다가 웃는다. 혹은 무감해진다. 어디에나 뉴스가 가득하지만, 내용의 질과 깊이를 장담하기는 어렵다. 뉴스는 과장되게 부서져 파편처럼 흩어져 있다.

뉴스 사이트에 덕지덕지 붙어있는 맞춤형 광고는 또 어떤가. 애써 의식하지 않으려 하거나 작게 숨겨진 광고화면 닫기 버튼을 겨우 찾아 안간힘을 다해 누르며 집중해서 뉴스를 보려고 노력한다. 그런데도 거의 늘, 당연하다는 듯 접속은 엉뚱한 지점에서 끝난다. 어디서 출발했는지조차 까마득하다. 뉴스에 이끌려 혼란과 무질서의 늪으로 빠져들어 가기. 정보의 홍수 속에서 길을 잃게 하는 레시피처럼 들리는 이 과정이, 이 시대에 우리가 뉴스와 만나는 흔한 방식이다.

짐짓 현상을 분석하는 체했지만 앞서 시뮬레이션한 상황은 나의 경험을 바탕으로 한 것이기도 하다. 기자로 일하며 오랫동안 뉴스의 헤비 유저였고, 밀레니얼 세대답게 스마트폰과 더불어 이런저런 소셜미디어를 부지런히 사용해 왔기에 다분히 동시대적인 위의 경험과 상관없다고 할 수 없다. 실리콘밸리에서 시작된 디지털로의 전환은, 최근 수십 년간 일어난 사회 변화 중에서도 유독 두드러지는 현상이다. 그래서인지 여러 사회문제의 범인으로 지목되거나, 정치, 학문 분야에서 고루 분석과 비판의 대상으로 입에 오른다. 모든 현상이 다 인터넷 때문이라는 식의 환원주의에 빠지기 딱 좋다. 그러니 뉴스와 고통에 대해 말하며 다시금 디지털 전환이 불러온 정보 소비의 양상을 언급하는 건, 조금도 새롭지 않은 분석처럼 들릴 수도 있다.

그럼에도 타임라인 위를 흘러다니며 복제되고 확산되어 온라인이라는 세계를 반영구적으로 떠돌게 된 뉴스를 바라볼 때면, 디지털 이후의 세상이 뉴스의 어떤 속성을 영영 바꾸어버린 것 같다는 생각을 떨쳐내기 어렵다. 뉴스의 소비와 생산, 그리고 그 둘의 경계가 흐려지고 뒤섞이는 지점까지 말이다.

온라인 공간은 기본적으로 기업의 입맛대로 사람들의 행동을 유도하는 방향으로 축조되어 있다. 테크 기업들은 우리가 더 오랫동안 온라인 상태이길 바란다. 그들이 원하는 건 관심일 수도, 주의력일 수도, 시간일 수도 있다. 광고를 볼 때까지 길게, 자주 체류하며 활발하게 온라인 행동을 하기를 원한다. 광고주 입장에서 우리가 구매력을 가진 잠재적인 소비자라서다. 유입률과 도달률을 성과 지표로 삼는 테크 기업은 우리가 무언가를 좋아하고, 댓글을 달고, 사진이나 영상을 올리고, 남들이 올린 걸 공유하길 바란다. 더 읽고, 더 듣고, 더 광고를 보다가 결과적으로 더 소비하기를 원한다.

거대한 놀이공원처럼 보이는 온라인 공간을 돌리는 데는 광고비라는 연료가 필요하다. 광고비를 받으려면 광고를 보게 해야 하고, 그러려면 콘텐츠가 필요하다. 인터넷을 떠돌며 시간을 보내게 하려면 볼 만한 콘텐츠가 끊기지 않고 제공되어야 한다는 말과도 같다. 테크 기업은 사용자들이 상당한 노동을 일종의 셀프 서비스로 대신 하게끔, 그 노동의 결과를 자신들이 콘텐츠로 빨아들일 수 있게끔 사용자 인터페이스를 설계했다. 그러니 오늘날 온라인에 '존재'한다는 건 스스로 콘텐츠가 되어야 한다는 의미이기도 하다. 당연한 수순으로 뉴스 역시 테크 기업이 펼쳐둔 그물망에 포획된 숱한 콘텐츠 중 하나다. 적어도 테크 기업들은 그렇게 믿고 있는 듯하다.

예를 들면 애플이나 구글은 뉴스를 큐레이션하는 자체 팀을 두어 각종 언론사가 발행한 뉴스를 추려서 진열한다. 한국의 포털사이트인 네이버나 다음에도 사이트 화면 한복판에 뉴스 좌판이 펼쳐져 있다. 뉴스를 중요한 콘텐츠로 다룬다는 의미다. 지금 무슨 일이 일어나고 있는지 아는 것은 생존과 경제 활동을 위해 필수적이라고 믿어진다는 점, 뉴스가 넓은 독자를 추구하는 대중적인 매체라는 점, 대중은 늘 새로움을 좇는다는 점이 한데 모여 뉴스를 디지털 시대에 꽤 알맞은 콘텐츠로 만들어가고 있다.

종합편성채널인 방송국에서도 뉴스는 여러 프로그램 중 하나로서 편성되어 왔다. 그러니까 뉴스는 역사적으로 광고라는 수익 구조를 완전히 무시할 수 없는 환경에서 만들어져 왔다는 이야기다. 이걸 상기해 본다면, 인터넷 안에서 뉴스의 콘텐츠화는 놀랄 만한 사건은 아니다. 뉴스는 거의 늘 광고 시장과 긴밀하거나 느슨한 관계를 맺어왔다. 그저 온라인으로 전환되면서 이 관계가 더 노골적으로 드러나게 된 것이다.

　여기서 되려 주목해야 할 건 디지털이라는 매체가 시장을 크게 점유하게 되었다는 부분이다. 뉴스가 올라가는 판이 종이와 텔레비전에서 디지털로 바뀌자 지각 변동이 빠르게 일어났다. 무한히 재생되는 데다 타깃 도달률까지 높인 맞춤형 광고를 들고 등장한 디지털 플랫폼은, 기존 매체를 광고 효과 면에서 속수무책으로 무릎 꿇렸다. 뉴스 소비자는 디지털로 이주했고, 그 결과 뉴스 산업이 기대고 있는 자본의 원천인 광고 시장도 디지털로 옮겨갔다. 뉴스룸을 지배하는 시계도 달라졌다. 저녁종합뉴스와 아침종합뉴스, 조간신문과 석간신문 마감을 중심으로 살아왔던 기자들이 이젠 실시간 마감을 해야 한다. 경쟁 상대의 규모도 무한대다. 이제 속보를 날린다는 건, 그 어떤 매체보다, 그 어떤 계정보다 빠르게 소식을 전해야 한다는 의미다.
　조금 더 들어가 보자면, 디지털 전환으로 신문사와 방송사 등 기존 언론사가 진짜 잃고 있는 건 '힘'인지도 모른다. 전통적 의미에서의 뉴스 편집권이 가진 힘이 와해되고 있다. 선형적 시간을 기준으로 마련되는 텔레비전 뉴스의 순서는 인터넷에 기사가 업로드되는 순간 상당 부분 의미를 상실한다. 언론사의 편집권은 살아있지만, 비선형적인 인터넷 속 시간에서 뉴스 큐시트는 분해되어 떠돌아다닌다. 뉴스룸이 선정한 톱뉴스의 힘은 댓글이 많이 달린 뉴스와 조회 수가 높은 뉴스의 힘에 밀린다. 게다가 뉴스가 소비자에게 실제로 도달하기까지, 그 형식이나 편집에 개입하는 요소가 많아졌다. 뉴스의 확산 가능성 역시 전에 없이 커졌다. 이는 기사가 잘못된 정보를 전달하거나 논란을 불러일으킬 경우, 기자라는 한 개인이 책임질 수 있는 범위를 아득히 넘어서는 파장이 생겨날 수 있다는 말이기도 하다.

2014년 뉴욕 타임스New York Times의 내부 문서인 혁신 보고서가 유출됐을 때의 충격을 기억한다. 인터넷의 속도와 보급률 면에서 다른 국가보다 앞서 있던 한국 뉴스룸은 이 소식으로 유난히 술렁였다.

디지털 우선 전략은 종이신문의 제약에서 벗어나 가능한 최고의 디지털 뉴스를 생산하는 걸 최우선 순위로 둔다는 의미다. 마지막 단계는 디지털 뉴스 중 가장 훌륭한 기사를 골라 다음 날 종이신문에 다시 담아내는 것이다.

Digital-first means the top priority is producing the best possible digital report, free from the constraints of the newspaper. The last step is repackaging the best of that digital report for the next day's paper.[3]

보고서의 핵심은 '디지털 우선 전략'이었다. 종이신문으로서 매우 탄탄한 구독층을 확보하고 있는 글로벌 미디어 회사가, 종이 신문의 전통에서 벗어나 디지털 뉴스를 생산하는 데 모든 역량을 우선적으로 투입하려 하고 있었다. 기자들은 앞다퉈 보고서를 돌려보았고, 변화에 발맞춰 무언가 해야 할 시기라는 공감대를 형성했다.

많은 언론사에 뉴미디어 팀이 생겼다. 이런 시류에 따라, 한동안 이미지에 간단한 텍스트를 얹은 카드 뉴스가 모든 뉴스룸의 유일한 디지털 전략인 양 인기리에 보급되기도 했다. 화려한 디지털 인터랙티브 형식으로 눈사태를 다룬 뉴욕 타임스의 '스노폴Snow Fall' 프로젝트는 신문사 멀티미디어 뉴스의 전형으로 자리 잡았다. 짧은 길이의 가벼운 영상으로 온라인 영상 매체에 몸집을 맞춘 SBS의 비디오 머그나, 좀 더 빠른 호흡으로 캐주얼하게 진행되는 MBC의 14F, 취재기자가 직접 출연해 뉴스에 방영된 기사에 대해 온라인에서 대화를 이어가는 JTBC 소셜라이브 등은 이러한 뉴미디어 실험에서 탄생한 결과물이었다.

뉴미디어 팀이 우후죽순 신설되던 시기는 끝났고, 언론사들은 뉴미디어 경쟁에서 단거리 경주 정도는 끝내고 승패의 결과를 받아들었다. 시청률과 광고 수익이라는 단순한 수식으로 돌아가던 미디어 산업에 조회 수, 좋아요 수, 리트윗 수, 북마크 수, 댓글 수라는 화려하고 강력한 숫자들을 추가해야 한다는 점에 대해서는 대개 동의한 듯 보인다. 뉴미디어가 노멀이 된 지금, 뉴스룸이 뉴미디어에 집중해야 한다는 구호는, 너무 당연해서 우스꽝스러운 낡은 법석처럼 느껴지기도 한다.

우리는 이미 혁신 보고서가 말하던 미래를 살고 있다. 쾌락과 연결의 가능성에 이끌려 온 사람들이 장기 체류하며 디지털은 정보의 최대 시장이 되었다. 온라인 플랫폼이 요구하는 바람직한 콘텐츠의 형태에 맞추어 뉴미디어 뉴스는 간결해지고 압축되었다. 읽고 보기에 편리하고 전달하기 좋은 형태, 온라인에서 소화되기 쉬운 상태로 쪼개진다. 뉴스룸도 테크 기업도 그게 어떤 뉴스든 사람들이 일단은 뉴스를 더욱 많이 보기를 원한다. 뉴스 어뷰징$^{news\ abusing}$ 같은 현상도 유사한 맥락에서 태어났다. 이용자 트래픽을 늘리려고 비슷한 기사를 반복해서 게시한다. 어느 시점에 검색하든 검색 결과 상단에 지속적으로 노출되도록 하려는 목적이다. 결과적으로 너무 많은 기사가 그 중요도와 무관하게 증폭되고 있다. 문화체육관광부의 정기간행물 등록관리 시스템에 따르면 2023년을 기준으로 한국의 언론사는 2만 3000개가 넘는다.[4] 종이보다 아득히 넓어지고, 텔레비전보다 무한히 관대해진 인터넷이라는 매개체를 타고, 헤드라인이 빠르게 눈앞을 스쳐간다.

나는 이런 현상이 단순히 공감할 여유와 애도할 시간을 형편없이 줄여놓았다고는 생각하지 않는다. 오히려 빅뱅처럼 실시간으로 확산되는 뉴스는 가시화된 반응 또한 촉진하기에, 한 이슈에 대한 사회적 대화가 보다 집중적으로, 활발하게 이루어지는 측면도 있다고 본다.

데이팅 애플리케이션처럼 뉴스를 휙휙 넘기며 눈길을 끄는 뉴스에만 반응하는 것 역시 인터넷이 새로 발명한 문제는 아니다. 우리가 남의 고통을 전시하고 구경하고 있지는 않은가, 고통을 포르노처럼 소비하는 것 아닌가, 하는 오래된 윤리적 고민에 대한 답은, 어느 정도는 오래전부터 '그렇다'는 것 하나뿐 아니었나. 디지털 환경이 '정말' 바꿔놓은 게 무엇인지를 가려내려면 조금 더 들어가야 한다.

디지털 매체에 담길 때 뉴스는 그 매체의 문법을 습득하고, 끝내는 점차 빼닮게 된다. 무수한 기사 사이에서 소비자의 눈에 띄기 위해 헤드라인은 거칠고 자극적이 된다. 다른 매체가 아닌 우리 매체로 시선을 끌어오기 위해, 단독 기사에 대한 과도한 경쟁도 확산되고 있다. 앞서 언급했듯 언론사별로 차이는 있겠지만 수익 모델은 대체로 광고에 기대어있다. 저널리즘은 지금껏 이와 같은 구조적 한계를 여러 공익적 가치에 복무함으로써 보이지 않게 하려고 노력해 왔다. 이는 단순한 눈가림이 아니라 저널리즘이 존재의 전제로 요구받는 윤리이기도 했다.

그러나 바뀐 환경에서는 시청자들 역시 익숙해져 있다. 콘텐츠 시장에 나와있는 한 모두가 관심 경제에 기대어있다는 걸. '구독과 좋아요, 알림 설정'이 필요하다는 걸, '한정되어 있는 주의력을 집중시킨 뒤 광고를 보게 해 수익을 거둬드리겠다'는 논리에서 우리가 꽤 자유롭지 못하다는 걸, 관심 경제에 닳고 닳은 시청자들은 이미 알고 있다.

나는 이따금, 유튜브 전략을 짜던 뉴미디어 팀이 구독자가 어느 정도 모였다는 판단이 들자 이제 뉴스 클립별로 광고를 돌리는 것이 어떻겠냐고 묻던 순간을 떠올리곤 한다. 이 작은 일화가 뉴미디어 팀이 대개 인력이 적으며 실적의 압박을 강하게 받고 있는 신생 팀이라는 것을 상기시키기 때문이다. 뉴스가 여러 원칙을 들어 광고와 최대한 멀찍이 거리를 두던 시기에서 뉴스 클립마다 광고가 재생되기까지 얼마나 아찔하게 가파른 변화가 일어났는지도. 물론 언론사는 늘 광고로 먹고살아 왔지만, 더 끈끈해진 접착은 수익 구조의 민낯을 여느 때보다 민망하게 드러낸다.

수익 구조를 두고 얼굴을 붉히는 건 어쩌면 결벽증에 불과하고, 변화한 수익 구조가 강자독식 현상을 심화하는 게 더 큰 문제일 수도 있다. 디지털 환경에서 뒤처지기 쉬운 작은 규모의 언론사나 지역 언론사는 줄어든 광고 수익으로 문을 닫거나, 어뷰징 전략으로 눈을 돌리게 된다. 그렇게 언론 환경은 황색 언론과 힘 있는 언론으로 양분되고 있다.

고통을 판다. 고통을 본다. 고통은 눈길을 끌고…… 때로는 돈이 된다. 고통이 자주 구경거리가 됐다는 건 모두 아는 사실이지만, 이제 고통은 콘텐츠가 됐다. 콘텐츠가 된 고통은 디지털 세계 속에서 클릭을 갈망하며 우리를 기다리고 있다. 그 산업의 틈바구니에서 다른 이들과 함께 버글대다 보면 나도 모르게 고통을 착취하거나 구경하고, 모른 척 지나친다.

고통의 포르노 운운하기 전에 인터넷이 불러온 진짜 문제는 우리를 기다리는 죄책감의 총량이 증가하고 있다는 것이다. 고통을 보고도 아무것도 하지 못한다는 자각은 죄책감과 무력감의 원천이 된다. 동시에 사건 바깥에서 비난하는 무고한 위치에 자신을 놓고 정의감에 빠져들거나, 거리감을 핑계로 죄책감으로부터 도망하기도 쉽다. 전에는 언론사들에만 맡겨져 있던 뉴스의 생산과 유통의 몫이 얼마간 이용자에게까지 넘어가며 책무 역시 분산됐다. 사람들은 숱한 플랫폼을 통해 타인의 고통에 반복적으로 노출되고 있다.

제법 선한 의지를 가진 사람들은 어디에나 있다. 그냥 지나치기엔 마음이 무겁다. 좋아요를 누르고, 댓글을 달고, 온라인 포럼에서 벌어지는 논쟁에 참여하고, 소식을 퍼 나르고, 기부를 인증

한다. 이런 행동의 동기는 고통을 봤다면 무언가를 해야 한다는 믿음에서 온다. 외면하고 있다는 수치심을 지우기 위해서거나, 온라인에 복제되어 있는 자아정체성에 도덕적 이미지를 더하기 위해서일지라도, 아무것도 하지 않는 것보다는 분명히 나을 것이라 믿는 바로 그 좋은 마음이다. 언론사의 눈에 우연히 띄고 알고리즘이 우연히 추천한, 그래서 우리와 우연히 마주쳐 주목을 빼앗아 간 바로 그 뉴스에 마음을 강렬히 포갠다.

우선순위가 마구잡이로 뒤섞인 상황에서는 무엇이 더 우선적으로 해결해야 할 고통인지를 식별해 내는 것부터가 노동이다. 불행히도 원래 인간에게는 확증편향이 있는데, 알고리즘은 더 극단적이고 단순화한 콘텐츠를 추천하며 이를 부추긴다. 개인화 알고리즘은 잘 걸러낸 맞춤형 정보만 주입하여 우리를 필터 버블 안에 가둔다. 우리는 그 버블에 올라타 양극단으로 부지런히, 광대역 인터넷의 속도로 이동하는 중이다.

민주주의 발전과 함께 생겨났던 어휘들은 거울나라의 앨리스의 세계에 들어온 듯 정반대 의미를 반사해 낸다. 다들 자신이 속한 진영이 하는 말만이 진실이라고 주장하고, 자유라는 개념은 어디에서나 혐오 발언을 내뱉어도 된다는 의미로 오독되고 있다. 극단의 목소리가 양쪽에서 터져나온다. 좋은 저널리즘이 유구히 지키려 해온 중립은, 중재에도 도움이 안 되는 비겁한 기계적 중립

우리는 알고리즘이 잘 걸러낸 필터 버블에 올라타
양극단으로 부지런히,
광대역 인터넷의 속도로 이동하는 중이다.

으로 전락하는 중이다. 타인의 일을 단순히 구경거리로 소비하지 않기 위해 공동체와 저널리즘 안에서 이뤄진 많은 합의와 약속이 있었지만, 그 둑은 인터넷 환경 안에서 얼마간 무너졌다. 날것의 영상은 비명을 지르고, 우리는 영상의 끊임없는 재생을, 라이브 스트리밍을, 온라인 '박제'를 막기 어렵다. 한 어젠다가 급부상하는 시점 역시 보이지 않는 손에 맡겨져 있다.

무언가가 인터넷에서 화제의 중심이 되는 변인은 수도 없이 많아서 복잡하기 그지없고, 오직 비인간인 알고리즘만 이를 통제할 수 있는 것 같기도 하다. 죄책감의 총량은 늘어나는데 우리가 한정된 에너지를 하나의 뉴스에 소진할까 봐 두려워진다.

내 질문은 이렇다. 이 모든 걸 보면서도, 인간이 무언가를 바꿀 수 있다고 믿는 게 가능할까? 우리가 절망하지 않는 게 가능할까? 우리는, 지치지 않을 수 있을까?

2020년 미국 대선 당시 도널드 트럼프Donald Trump 전 대통령의 지지자들이 모인 한 페이스북 클럽에서 잠복 취재를 했다. 그들은 자신들의 관점과 공명하는 기사나 영상을 공유했다. 댓글로 서로를 추어올렸고, 낮이고 밤이고 할 것 없이 온라인 활동을 이어가며 세력을 규합해 나갔다. 댓글은 갈수록 과격해졌다. 누군가가 강한 발언을 하면 동조를 받았다. 그 뒤엔 더욱 강한 발언이 이어졌다. 한밤중에 마을 중앙에서 규합하자고 서로를 부추겼고, 흑인 민권 활동가들을 총으로 무장하고 혼쭐내 주자고 의견을 모았다.

우리가 이미 잘 알듯이, 온라인 대화는 단순히 온라인에서만 끝나는 가상 대화가 아니다. 실제로 그들은 시내로 나가서 흑인 민권 활동가들의 팻말을 찢고 주먹으로 때렸다. 캡사이신이 함유된 곰 스프레이를 사람에게 뿌렸다. 백인 우월주의자들은 그 장면을 페이스북으로 생중계했다. 가상과 현실은 상호작용하며 뒤엉켰다. 실시간 영상의 댓글창에는 응원이 가득했는데, 사람이 얻어맞고 있는 모습이 여과 없이 방송되었지만 폭행당하는 이들을 연민하는 반응은 찾아볼 수 없었다.

그들이 연민한 건 트럼프 대통령이었다. 트럼프가, 그리고 지지자 집단이 가장 큰 고초를 겪고 있다고 상상했다. 그들은 주체적으로 의견을 표현하며 시민적 자율성을 실천하고 있다고 믿었을까. 각자의 확증편향 안에서 모은 정보를 기반으로 한 선택적 연민과 나르시시즘의 끝은 폭력이었다.

디스토피아적인 이야기를 할 생각은 없다. 그러나 사람들은 이제 보고 싶은 것을 본다. 바라는 것을 본다. 정확히는 그렇게 사는 게 가능해졌다. 편향은 온라인에서 우리가 드러낸 자기 정체성과 취향의 결과물이다. 우리가 엉망이기에 우리의 소망 역시 엉망일 수 있다는 걸 잊고, 자신의 엉망이 반영된 볼거리를 편하게 즐길 수 있게 하는 기술이 완성형에 가까워졌다.

이러한 환경에서 사람들의 눈에 들고자 노력하는 뉴스 콘텐츠 역시, 저널리즘이 그다지도 피하고 싶어 했던 극단적 주관의 세계 안에서만 소비되고 있는지도 모르겠다. 많은 기자들이 이토록 양극화된 세계에서 저널리즘이 어떻게 기능해야 할지, 양극단에서 횡행하는 가짜뉴스를 어떻게 배격할지 오늘도 고민하고 토론하고 있다.

신자유주의에 깊이 영향을 받은 현대인의 자기계발적 태도, 무언가를 배우거나 교훈 삼고, 변화를 만들어 자기효능감을 느끼고 싶어 하는 욕구 정도가 우리의 믿는 구석이 될 수 있을까. 극단과 극단을 부추기는 가짜뉴스가 그들만의 진실을 만들어가고 있는 가운데, 어떤 말들은 패셔너블하게만 쓰일 뿐 진정한 의미에선 불리지 않는 처지가 되어 우리를 기다린다.

진실과 사실, 연민과 공감, 이해와 대화, 정의와 윤리, 자유와 평등, 다양성과 협력, 저항과 투쟁, 고통과 연대가 그저 매력적인 상품이나 공허한 수식어로 전락하지 않도록, 우리가 막아설 수 있을까?

뉴스가 끝난 뒤에
시작되는 것

✖

파리한 형광등 불빛 아래로 기자들이 피로와 긴장이 섞인 표정으로 서있었다. 언제라도 녹화 버튼을 눌러 촬영을 시작할 수 있게 카메라를 준비해 놓고 경찰서 형사과 사무실 문만 노려보는 중이었다. 어버이날 벌어진 70대 아버지 토막 살해 사건이었다. 계획적인 존속살인은 전국을 떠들썩하게 했다. 대형 사건을 다룰 때 흔히 그렇듯, 더 이상의 취재 경쟁은 피하고 싶은 기자와 더 이상의 혼란을 막고 싶은 경찰 사이에 일시적 협력 관계가 생겨났다. 경찰은 출입기자단과 협의해 화면을 잡을 수 있도록 언제쯤 피의자를 데리고 나올 건지 슬쩍 언질을 줬다. 그런 연유로 우리는 앞으로 벌어질 장면을 미리 아는 채로 사무실 안쪽에서 그들을 기다리고 있었다.

곧 피의자 남매가 문을 거쳐 사무실 안으로 들어올 예정이었다. 경찰 한두 명에게 팔을 잡혀 엉거주춤한 자세로 천천히 걸어와 형사의 책상과 마주보는 의자에 앉혀질 것이었다. 수갑을 찬 손목을 수건으로 덮어 가리고, 후드나 모자를 푹 눌러 씌워 얼굴 역시 보이지 않게 한 채로. 나 역시 결과가 예측되는 지루한 긴장감 속에서 그들을 기다리는 기자 중 하나였다.

나는 그들의 얼굴이 내심 궁금했다. 사건 현장에 출동했던 경찰과 소방관에게 참혹한 세부를 전해들은 터였다. 얼굴을 보지 못할 것이라는 사실은 알고 있었다. 보인다고 해도 뉴스에 내지 않으리라는 것도. 남매는 아직 피의자 신분이었다. 이제 갓 검거되어 혐의가 불명확하고 형이 확정되지 않은 피의자의 얼굴을 공개하는 건 경찰 측에서도 부담스러운 일이다. 언론 또한 흉악범이라고 해서 모든 범죄자의 얼굴을 공개하지는 않는다.

그런데도 취재를 하다가 인륜을 저버린 흉악범과 마주칠 기회가 생기면 얼굴을 보고 싶다는 마음이 문득 들곤 했다. 범죄에 대한 괘씸함이나 분노, 나중에 알아보고 피하고 싶다는 불안감 같은 것과는 거리가 멀었다. 내 경우엔 어떤 사람이 그런 일을 저지를 수 있는지 궁금하다는 감정에 더 가까웠다. 그 얼굴들 안에 무엇이 있는지 알아내고 싶었다. 어쩌다 그들의 얼굴을 볼 수 있을 때, 그러나 아무것도 읽어낼 수 없을 때마저도 자꾸만 세밀히 들여다보려고 한 이유였다.

그들은 비슷한 눈을 하고 있을까. 악의 얼굴이라는 게 존재할까. 그런 생각을 할 때에 나는 인간의 눈빛, 얼굴, 몸 같은 외형에 선과 악이 숨길 수 없이 투영된다는, 믿기 어려운 상상을 하고 있었던 걸까. 아니면 단순한 관음증이나 호기심에 불과했을까.

피의자 중 남동생부터 들어왔다. 그의 외양을 재빠르게 샅샅이 훑었다. 검은색 후드에 모자까지 눌러썼다. 굳게 다문 입 주변을 제외하곤 얼굴을 알아볼 수 없었다. 딱히 실망하진 않았고, 진행 상황을 기록하려고 취재 수첩으로 눈길을 옮기려던 참이었다. 그 순간이었다. 그가 갑작스레 수갑을 찬 손을 획 들어올려 자기가 쓴 모자를 가격했다. 그의 얼굴이 드러났다. 시민으로서 당당하게 이름과 얼굴을 공개할 수 있다고 외쳤다. 검붉은 피부와 꽤 발달해 있는 사각형의 턱, 두 개의 검은 눈동자가 보였다. 얼굴을 보았지만 그 안에 의미 있는 정보는 거의 없다고 할 수 있었다. 어디에서나 볼 수 있을 법한 40대 중년 남성의 얼굴이었다. 악마 같은 눈이라거나 하는 드라마는 그 안에 없었다.

경찰은 돌발 상황에 당혹스러워하며 모자를 주워 다시 씌우고, 허둥지둥 그 위에 후드를 덮어 얼굴 전체를 가렸다. 흥분을 다 가라앉히지 못한 그는 의자에 앉아서도 몸을 떨며 숨을 헐떡였다. 거친 호흡과 함께 후드티가 검은 비닐봉지처럼 크게 부풀어 올랐다 가라앉았다.

소동은 현장에 있던 모든 카메라에 찍혔다. 하지만 신문이나 방송에 그의 얼굴을 그대로 공개한 매체는 없었다. 애초에 경찰도 언론도 신상 공개의 필요성을 느끼지 못한 사건이라서였다. 이건 달리 말하면, 얼굴을 보여달라는 성난 여론이 들끓은 사건은 아니라는 의미이기도 했다. 흥분한 피의자가 스스로 얼굴을 공개한 일은 기껏해야 기사 한두 줄로 처리됐다. 중요하지 않은 해프닝에 불과하다는 이야기였다.

피의자가 얼굴 공개를 허락하는지 혹은 요구하는지는 신상 공개에서 핵심적으로 고려하는 대상이 아니었다. 중요한 건 늘, 여론이었다. 경찰이나 언론이 각자의 이해관계에 따라 신상 공개를 할 때도 언제나 전제조건에는 대중의 요구가 있었다. 사람들이 궁금해하지 않는다면 신상을 공개해도 실익이 없고 파급 효과도 작으니 어찌 보면 당연했다. 이 말은 곧, 피의자의 얼굴과 실명 등을 공개하는 신상 공개가 여론에 좌지우지되기 쉬운 문제라는 말과도 같다.

많은 사회현상이 그러하듯, 여론은 손에 잘 잡히지 않고 증명하기도 쉽지 않다. 시민들 사이에서 자생적으로 생겨난 '공중의 의견'이라니, 얼마나 실체 없고 이리저리 끼워맞추기 쉬운 말인가. 여론 조사 기관이 있다지만 모든 사안에 대해서 수치를 제공하지는 않는다. 언론은 이렇듯 보이지 않는 여론에 이끌리고 여론을 밀어 움직이는 매체다.

언론이 여론과 관계를 맺는 방식은 상호적이고 분리하기 어렵다. 언론은 여론을 읽는다. 언론은 여론에 등떠밀리거나, 이미 존재하는 여론을 반영한다. 거꾸로는 언론 스스로 여론을 형성하는 주체가 되기도 한다. 언론이 가리키는 방향으로 대중의 반응이 움직이기도 하고, 움직여 주기를 언론이 희망하거나, 종용하기도 한다. 나쁜 예를 들자면, 언론이 먼저 군불을 지피고 그에 걸맞은 인터뷰나 누리꾼 반응 몇 개를 덧붙이기도 한다. 소셜미디어 타임라인 위로 드러난 몇몇 의견을 편의에 따라 여론으로 통칭하는 게으른 경우도 있다. '신상 공개 여부에는 여론이 무엇보다 중요하게 개입한다'는 말을 해부할 때, 여론과 언론 중 무엇이 주어인지를 정확하게 절제하기 어려운 이유다.

신상 공개는 그래서인지, 지금껏 쭉 뚜렷한 기준이 없다는 지적을 받아왔다. 형평성을 담보하기 어렵고 주관적이고 자의적이기 쉽다는 것이다. 경찰은 2005년부터 '인권 보호를 위한 경찰관 직무 규칙'을 제정하고 피의자에게 마스크와 모자를 씌우거나 얼굴을 점퍼로 가리는 등 피의자의 신상이 언론에 공개되는 것을 삼가왔다.[5] 그러나 2009년 연쇄살인범 강호순의 신상 공개가 변곡점이 됐다. 당시 연합뉴스의 보도에 따르면, 조선일보와 중앙일보가 가장 처음 국민의 알 권리 등 공익성을 명분으로 강호순의 얼굴 사진을 공개했고, SBS 등 다른 언론사가 뒤를 이었다. 강호순의 일상 사진을 공개하며 동아일보는 "진실 규명 등 공익, 신원 공개를 통한 사회적 응징을 요구하는 여론 등을 종합적으로 고려해 경기 서남부지역 연쇄살인사건 피의자 강호순 씨의 얼굴 사진을 공개하기로 했다"고 밝혔다.[6]

이듬해 이 사건이 불러온 사회적 논쟁을 기반으로 강력범죄 피의자 신상 공개에 관한 법적 근거가 마련되었다. 특정강력범죄의 처벌에 관한 특례법은 다음과 같이 규정하고 있다.

1. 범행 수단이 잔인하고 중대한 피해가 발생한 특정강력범죄사건일 것
2. 피의자가 그 죄를 범하였다고 믿을 만한 충분한 증거가 있을 것
3. 국민의 알 권리 보장, 피의자의 재범 방지 및 범죄 예방 등 오로지 공공의 이익을 위하여 필요할 것
4. 피의자가 〈청소년 보호법〉 제2조 제1호의 청소년에 해당하지 아니할 것[7]

이 모든 요건을 갖춘 뒤에 신상 공개를 고려해 볼 수 있다고만 정해졌다. 의무는 아닌 것이다.

신상 공개 여부는 각 시도 경찰청에서 회의와 채점을 통해 이뤄진다. 경찰 산하 심의위원회 위원에는 시민단체 등 외부 전문가가 절반 이상 포함된다. 한 지방경찰청은 신상 공개 심의위를 열지 않기로 했다가 여론의 압박에 떠밀려 결정을 번복하기도 했다. 이때 밝힌 "기준이 엇갈리지 않도록 판단하겠다"는 다짐은 오히

려 기준이 흐릿한 현실을 반증한다.[8]

흉악한 사건을 취재하다가 피의자의 얼굴을 공개해야 할지 말 아야 할지를 두고 고민이 깊어질 때면, 대중의 욕망과 언론의 욕 망을 함께 뒤적이게 되었다. 양쪽이 얼굴을 보고자 하는 욕구에 붙이는 말들은 꽤 유사하다. 국민의 알 권리를 충족시키고 재범과 범죄를 예방한다는 공익적 효과다.

그러나 거기서 조금만 더 안쪽으로 들어가보면 무엇이 있나. 대중은 벌을 주고 싶어 한다. 얼굴을 보고, 이름을 알고, 망신을 주 고, 그에게 사회적 죽음을 선고하고 싶어 한다. 얼굴과 이름을 광 장에 매달아 놓는 방식으로라도 사법 테두리 밖에서 한 번 더 징 벌하고 싶어 한다. 그러니까 얼굴을 '까는' 일은 단죄다. 대중은 앞 으로 일어날 재판에서 정의가 이뤄질 것이라고 믿지 않는다. 그러 기엔 좋지 못한 전례를 지나치게 많이 안다.

궁금하기도 하다. 어떻게 생긴 사람인지. 관음증일 수도 있다. 무엇보다 익명에 잠겨있는 대상에게는 분노를 쏟아 효능감을 느 낄 수 없다. 공분을 받아낼 그릇으로써 하나의 정확한 타깃이자 구체적 대상, 즉 얼굴이 필요하다. 이 안에는 정의감, 호기심, 불안 감, 선한 마음과 약한 마음이 고루 섞여있다. 이 경우 국민의 알 권 리는 단순하지 않은 감정의 다양한 진폭을 에둘러 받아낼 근사한 법적 근거이자 진짜 속내를 가려줄 장막으로써 존재하는지도 모 른다.

그렇다면 뉴스는 왜 이 욕망에 화답하는가? 언론은 대중이 얼굴을 보고 싶어 한다는 것을 안다. 이건 센세이션이다. 사전적 의미 그대로, 많은 사람을 흥분시키고 관심을 끌어모을 것이다. 인간의 얼굴은 가장 힘 있고 복잡한 스펙터클 중 하나고, 신상 공개라는 카드는 흥행보증수표나 다름없다. 거기에 그럴듯한 명분까지 있다.

이러한 역학이 완전히 선하지도 완전히 악하지도 않게 요동치는 가운데, 국민의 알 권리가 그저 포장에 불과하지는 않다는 듯 얼굴과 더불어 수많은 세부가 중계된다. 그렇게 강호순, 유영철, 조두순 등의 얼굴을 우리는 함께 보았다. 2023년 여름에는 조선, 최원종의 신상이 공개되었고, 신림동 성폭행 살인 사건 피의자인 최윤종의 경우에는 JTBC에서 먼저 신상을 공개했고 나중에 경찰이 피의자의 동의를 받아 머그샷까지 공개했다. 그러나 얼굴을 보는 일은 사회를 나아가게 할까? 모자이크와 모 씨라는 익명의 베일로 다독다독 덮어서 '보도 가능용' 기사를 만들다가 이 베일을 걷어치울 때, 무언가 달라지고 있기는 한 걸까?

피의자의 신상 공개와 관련해 비교적 최근 가장 이목을 끌었던 건 언론사가 아닌 사적 제재 사례들일 것이다. 2023년 한 유튜버는 이른바 '부산 돌려차기' 사건 피의자의 신상을 공개해 큰 사회적 논란을 불렀고[9] 그에 앞서서는 '디지털 교도소'가 있었다. 세계 최대 아동·청소년 성착취물 공유 사이트인 '웰컴투비디오'를 운영한 손정우와 N번방 사건이 한국 사회를 헤집어 놓았던 2020년, 인터넷에는 민간인들의 자발적 경비 단체인 자경단이 출현했다. 그게 디지털 교도소였다. 이 웹사이트의 소개글은 이랬다.

'디지털 교도소'는 대한민국 악성 범죄자들의 신상 정보를 공개하는 웹사이트입니다. 저희는 대한민국의 악성 범죄자에 대한 관대한 처벌에 한계를 느끼고, 이들의 신상 정보를 직접 공개하여 사회적인 심판을 받게 하려 합니다. 사법부의 솜방망이 처벌로 인해 범죄자들은 점점 진화하며 레벨업을 거듭하고 있습니다. 범죄자들이 제일 두려워하는 처벌, 즉 신상 공개를 통해 피해자들을 위로하려 합니다. 모든 범죄자들의 신상 공개 기간은 30년이며 근황은 수시로 업데이트됩니다. 본 웹사이트는 동유럽권에 위치한 서버에서 강력히 암호화되어 운영되고 있으며, 대한민국의 사이버 명예훼손, 모욕죄의 영향을 전혀 받지 않습니다. 표현의 자유가 100퍼센트 보장되기에 마음껏 댓글과 게시글을 작성해 주시면 됩니다.

디지털 교도소 웹사이트에는 손정우를 포함해 디지털 교도소가 흉악범으로 지목한 사람들의 얼굴 사진, 실명, 거주지, 직업, 휴대전화 정보가 모두 공개되어 있었다. 죄목은 주로 성범죄, 아동학대, 살인죄 등이었다. 디지털 교도소는 사법부가 성범죄에 솜방망이 처벌을 일삼는다는 사람들의 무력감과 실망감을 건드렸다.

일부가 지지했다. 동시에, 이 사이트의 선정성과 급진성은 논란을 불러왔다.

결국 사고가 터졌다. 디지털 교도소라는 온라인 공간에 시쳇말로 신상이 털린 '죄수' 중 상당수가 자신은 그런 일을 하지 않았다며 억울함을 호소한 것이다. 그중에는 유명한 대학교수와 프로 운동선수 등 사회적으로 상당히 알려진 사람들도 있었다. 더구나 성범죄자라며 신상이 공개된 20대 대학생이 두 달 만에 사망하는 일까지 벌어졌다. 이 학생이 억울함을 호소하며 해명글을 직접 올린 뒤에도 극심한 스트레스에 시달려 왔다는 사실이 뒤늦게 알려졌다.

성범죄자라는 억울한 누명을 쓰고 디지털 교도소에 '감금'됐던 한 교수는 "사망한 학생의 심리를 100퍼센트 이해할 수 있다"고 했다. 전화기 너머로 들리는 그의 목소리에서 절망과 우울이 짙게 묻어났다. 디지털 교도소에 죄수로 등록된 날에 대해 그는 이렇게 기억하고 있었다.

"늦은 유월이었는데요. 그 월요일을 잊을 수가 없어요. 기자들에게 엄청나게 전화가 와있었어요. 결백하다고 말했지만 사람들이 아무도 나를 믿어주는 것 같지가 않더라고요. 날마다 100통이 넘는 문자메시지가 밀려들어 왔고 저를 저주했어요. 가짜뉴스가 마구 퍼지고요. 멈출 수가 없었습니다." 정신과 의사로서 환자와의 관계를 늘 신중히 쌓아왔던 터라, 그를 믿었던 게 후회되고 오히려 우울증이 더 심해졌다는 환자의 분노 어린 메시지까지 받았을 때는 거의 무너졌다고 했다.

결국 교수는 경찰에 스스로 스마트폰을 제출했고 디지털 포렌식으로 자신의 결백을 밝혀달라고 호소했다. 경찰 조사로 무죄는 간단히 입증됐다. 그러나 망가진 명예와 마음을 회복하는 건 간단하지 않았다. 트라우마에 특화된 정신과 의사였던 자신에게도 이 경험은 정말 쉽지 않았다고, 그는 쓰게 고백했다.

숱한 피해자를 낳고 나서야 붙잡힌 디지털 교도소 운영자의 정체는, 마약 거래를 해온 30대 남성이었다. 그는 베트남으로 도피해 있다 인터폴의 협조로 경찰에 검거됐다. 신상 공개에 대한 어떤 전문성이나 자격도 없는 개인이었다. N번방 사건의 피해자와 연관돼 있어 자경단 활동을 시작했다는 말 역시 거짓으로 드러났다. 그는 성착취물을 공유하는 텔레그램 '박사방'의 운영자 조주빈이 검거되는 걸 텔레비전에서 본 뒤 디지털 교도소의 전신이 된 인스타그램 계정을 개설했고, 팔로워 수가 급격히 늘어나자 활동을 이어왔다고 했다. 디지털 교도소 등 사이트에 게시된 176명 중 신상정보 공개자를 제외한 피해자는 156명, 운영 기간은 5개월이었다.[10] 제대로 된 검증 과정을 거치지 않은 건 물론이었다. 아이러니하게도, 공항에서 수갑이 채워진 채 연행될 당시 그는 얼굴을 커다란 검은 마스크로 단단히 가리고 있었다. 항소심에서 그는 징역 4년을 선고받았다.[11]

디지털 교도소라는 특수한 케이스를 언급한 까닭은 이 사례를 경유해 신상 공개에 내재된 위험성에 대해서 더 생각해 보려는 목적도 있지만, 검증 시스템이 작동하지 않을 경우 본질적으로 그다지 다르지 않은 일이 언론에서도 일어날 수 있다는 점을 짚어보기 위해서이기도 하다. 2012년 고종석 성폭행 사건의 오보가 남긴 충격은 쉽사리 잊기 어렵다. 조선일보는 어린이를 납치해 성폭행한 고종석의 얼굴 사진을 1면에 공개했다. 그런데 사진 속 인물은 고종석이 아닌, 사건과 전혀 무관한 사람이었다.

하루아침에 성폭행범으로 낙인찍힌 당사자는 엄청난 충격과 고통을 받았다고 했다. "제 친구는 개그맨 지망생인데 어떻게 해야 할지 모르겠다고 죽고 싶다는 말까지 한다"는 친구의 호소 글이 게시되기도 했다.[12] 조선일보는 오보를 공식 인정했고, "범죄 상업주의가 부른 참사"라는 전문가의 따끔한 지적을 받았다.[13]

이 두 가지 경우만 봐도, 재판을 받고 혐의가 확정되기 전 피의자의 얼굴을 공개하는 일에는 만만치 않은 사회적 비용이 투입된다는 걸 알 수 있다. 무고한 사람의 인격 살인으로 이어질 수 있다는 위험성 역시 그 비용에 포함되어 있다.

불특정 다수를 공포에 빠뜨리는 무차별 범죄. 아동이나 약자를 노리는 파렴치함. 인간이 저질렀다고 보기 어려운 잔혹하고 끔찍한 범행 수법. 커지는 불안. 사건에 집중된 언론의 관심. 국민적 공분이라고 할 만한 여론 혹은 그렇다고 주장하는 언론의 보도. 얼굴을 공개하라, 이름을 밝히라, 광장에 그 얼굴을 매달자, 온라인상에 영원히 '박제'하자는 공세. 주체가 여론인지 언론인지 모를 압박에 못 이기는 듯 얼굴을 공개하는 경찰. 경찰이 해주지 않는다면 어떻게든 사진을 뒤져내어 오래된 증명사진부터 일상 사진까지 구할 수 있는 사진을 전부 동원해 기준 없이 공개하는 언론.

사회부 기자로 뉴스룸에서 시간을 보내며 지켜본 일종의 패턴이다. 이건 언론의 사회적 역할인가, 상업주의 저널리즘인가? 이 질문에 답하기 전에, 헌법재판소가 2014년 보험사기 피의자가 제기한 헌법 소원을 위헌 처리하며, "경찰의 촬영 허용 행위는 언론 보도를 보다 실감나게 하기 위한 목적 외에 어떠한 공익도 인정할 수 없다"고 밝힌 부분을 곱씹어봐야 한다.[14] 헌법재판소는 한편, 2022년 11월 서울고법 춘천재판부 행정 1부가 위헌 법률 심판을 제청함에 따라 성범죄 피의자 신상공개 제도의 위헌 여부를 정식으로 심리하고 있기도 하다.[15]

'돌이킬 수 없는 피해'. 끝내 공개된 피의자의 얼굴을 바라볼 때마다 내가 떠올리는 단어다. 피의자에게 하는 말은 아니다. 경찰서에서 흉악범과 마주쳤을 때 그러했듯이, 사진으로 공개된 피의자의 얼굴에서도 여전히 내가 알아낼 수 있는 정보는 그리 많지 않다. 다른 기자들도 사정은 비슷한지 "평범하게 생겨서 더 충격"이라는 유의 기사를 남발한다.

얼굴을 응시하다가, 나는 다시 돌이킬 수 없는 피해에 대한 생각으로 돌아온다. 신상 공개의 패턴에 다다르기까지 필요충분조건처럼 거기에 있는 건 피해자들의 돌이킬 수 없는 피해다. 그 피해에는 이유가 없다. 피해자의 탓인 부분이 없다. 그런데도 돌이킬 수 없다. 없던 일로 돌이킬 수가 없다.

그러나 범죄자들에게도 신상 공개가 돌이킬 수 없는 무언가일까. 불쾌하고 불편할 것이다. 가족까지 고초를 겪을 수도 있다. 하지만 그 실효성이 과연 피해자들의 울분을 달래줄 만큼 클까. 저 사진을 보고 난 뒤 길에서 마주친다면 우리는 그들을 알아볼 수는 있을까. 머그샷도 아닌 흐릿한 증명사진을 바라보는 일이 재범과 범죄예방에 정말 도움을 줄까. 얼굴이 알려졌으니 그들은 다시 같은 범죄를 저지르기 어려울까. 낙인을 찍는 건 효과적일까. 신상 공개는 피해자들의 돌이킬 수 없는 피해에 제대로 응답하고 있는 걸까.

그리고 무엇보다 속 시원함을 넘어서 사법적 정의 구현에도 조금은 도움을 줄까. 사법부는 이 사건을 제대로 심판해 줄까. 피해자의 인권은 범죄가 발생한 순간 돌이킬 수 없이 망가져 버렸는데 사법부가 최대한 지키려는 건 엉뚱하게도 피의자의 인권뿐인 것처럼 보인다. 아동 성착취물 22만 건을 유통한 손정우에게 한국 법원은 징역 1년 6개월을 선고해 큰 논란을 일으킨 바 있다. 법원은 대낮에 만취 상태로 운전하다 60대 여성을 치어 사망하게 한 운전자에게 두 번의 음주운전 전과에도 3년형을 선고해 유족의 반발과 국민의 공분을 샀다. 그러니 대체 어떤 방식으로 피해자들을 위로할 수 있을까. 대중의 분노는 이 불균형에서 터져나온다.

흉악범의 얼굴이 공개되는 순간 관심은 한 명의 개인에게 쏠린다. 드물게 응집된 사회적 에너지가 이 사람이 누구이고, 어떻게 자라왔고, 어떤 학창 시절을 보냈으며, 평소에 어떤 행동을 했는지를 파헤치는 데 소비되어 버린다. 잘생겼으면 잘생겼다고, 못생겼으면 못생겼다고, 키가 크면 키가 크다고, 평범하면 평범하다고 무의미한 평가를 반복한다. 그가 얼마나 뻔뻔하게 반성을 하지 않는지, 파렴치한 말을 뱉어내는지, 소시오패스인지 아닌지 궁금해하는 데 쓰인다. 일그러진 인생과 평범한 얼굴 사이의 간극을 메꾸기 위한 이야기를 찾아다니고, 결국 그에게 드라마틱한 서사를 쥐어주게 된다.

극악무도한 일을 저지른 것으로 추정되는 한 사람을 손가락질하고 욕하는 데는, 일견 속시원한 구석이 있다. 실제 양형과 국민의 법 감정이 크게 어긋나는 경우에는 범죄자의 명예와 평판을 실추시키는 것만이 현실적인 해결책처럼 느껴지기도 한다. 그러나 당연하게도, 개인을 가리키는 손가락은 그 방향을 틀어야 한다. 범죄가 일어나도록 방조하는 사회 구조는 물론이거니와, 얼굴 공개라도 하지 않으면 충분하지 않다고 생각하게 하는 사법 시스템을 가리켜야 한다. 믿지 못하는 대중보다도 범죄의 무게에 걸맞지 않게 가벼운 처벌을 일삼는 사법부가 더 큰 문제여서다.

언론이 쥐고 있던 흉악범 얼굴 공개에 대한 독과점은, 이제 그 경계가 급속도로 허물어지고 있다. 언론이 능숙하게 사용해 온 흉악범의 신상 공개에 대한 명분을, 인터넷 자경단은 비슷하게 흉내 내며 더욱 폭력적인 방식을 쓴다. 디지털 교도소를 취재하던 당시 '주홍글씨'라는 자경단의 텔레그램에 접속한 적이 있다. 디지털 교도소와 공조하기도 했던 그들은 더 급진적이고 의도적인 쪽이었다. 성착취물을 만들어 주겠다며 적극적으로 유인해 개인 정보를 빼낸 뒤 성범죄자라고 텔레그램에 폭로하는 방식으로 활동했다. 수백 명의 개인 정보가 공개되고 '박제'됐다.

내가 그 방에 마지막으로 접속한 날은 주홍글씨의 해단식이 열리는 날이었다. 경찰의 수사망이 좁혀지고 디지털 교도소 운영자마저 검거되자 자발적으로 해단식을 연 것이었다. 텔레그램의 대화창으로 수많은 밈meme이 올라오는 와중에, 한 아이디가 이런 말을 남기고 방에서 사라졌다.

우리는 다시 돌아올 것이다. 아니면 다른 자경단이 생길 것이다. 여기에 끝은 없다.

나에게 이 말은, 무규칙의 나선에 빠져버린 흉악범 신상 공개가 본질적인 문제가 해결되기 전에는 끈질긴 유령처럼 계속해서 깨어날 것이라는 디스토피아적 예언처럼 들렸다.

개인을 가리키는 손가락은 그 방향을 틀어야 한다.
범죄가 일어나도록 방조하는 사회 구조와
가벼운 처벌을 일삼는 사법 시스템을 가리켜야 한다.

타인의 고통에 공감한다는 착각

2장

흔한 고통은 문제가 아닌 문화가 된다.

흔한 사고일수록, 어디서나 보이는 사고일수록

우리는 그 고통을 보는 일에 능숙해지고,

거의 아무것도 느낄 수 없는 상태가 된다.

시급하게 해결해야 할 사회문제가

'계속 일어나고 있기 때문에' 이야기되지 않는다.

날씨는 모두에게
공평하다는 거짓말

✖

새벽에 몇 번이나 잠에서 깼고, 그때마다 엉금엉금 창문 앞으로 다가갔다. 베란다 창문으로 한기가 스며 팔뚝에 소름이 돋았다. 성에가 얼어붙은 창문을 조금 열고 내려다보니, 아파트 일대와 주변 도로가 하얗게 뒤덮였다. 얼추 살펴봐도 눈의 두께는 자동차 바퀴 정도는 너끈히 잠기게 하고 있었다. 거센 바람에 창문 틈새로 눈발이 새어들어 뺨에 오소소 들러붙었다. 곧 녹아 뺨을 타고 흘러내리는 눈송이에 남아있던 졸음도 달아나 버렸다.

폭설주의보가 내려진 밤, 아침 뉴스 생중계가 예정돼 있는 날에는 깊은 잠을 자기 어렵다. 이쯤 되면 아침 전국 뉴스가 시작되기 전에 지역 특보를 먼저 시작해야 할지도 모르겠다고 생각하며 부장에게 전화를 걸었다. 뒤척이고 있기는 마찬가지였는지 부장은 바로 전화를 받았다. 눈이 정말 많이 오네요. 안부를 물을 새도 없이 새벽녘 대화는 이렇게 시작되었고, 기상 상황과 특보 현황, 피해 상황을 공유한 우리는 별다른 이견 없이 그러면 뉴스라고, 빠르게 결론을 냈다. 내가 옷을 꿰어입고 나갈 준비를 하는 동안 부장은 앞당겨진 생방송에 필요한 사람들에게 전화를 돌렸다. 이런 결정은 대개 효율적으로 이뤄졌는데, 날씨가 가지는 뉴스 가치에 대해선 상당한 합의가 전제로 깔려있기 때문이었다.

날씨는 대단히 쉽게 뉴스가 된다. 폭설, 폭우, 폭염은 물론이고, 기록적인 수치를 보일 때는 그날의 뉴스를 가볍게 탈취한다. 수많은 사람의 삶과 안전에 영향을 미쳐서다. 계절과 기온의 변화는 온화한 단어처럼 들리지만, 때론 난폭하기 그지없다. 항온동물인 인간은 그 연약한 살갗을 둘러싼 온도에 취약해서, 몇 도가 오르거나 내리는 일은 사람의 목숨을 쉽게 끊어놓기도 한다.

폭염은 애지중지 키운 작물을 걱정하며 강렬한 볕 아래로 간 농부들의 몸을 달아오르게 해 땅에 쓰러뜨린다. 여름날의 갑작스러운 폭우는 집과 건물, 지하차도를 잠기게 하고 강의 몸집을 불려 사람을 쓸어간다. 가문 날씨는 나무를 타기 쉽도록 바짝 말려 산불의 밑 작업을 한다. 눈앞을 뿌옇게 가릴 만큼 쏟아지는 폭설은 길을 막고, 동물과 인간을 고립시킨다. 한파는 길에서 잠든 사람들의 동공을 열고 심장을 끝내 멎게 한다. 복도식 아파트의 바닥을 얼려 노인들의 엉치뼈와 발목뼈, 늑골을 부서뜨린다. 해빙은 얼어붙은 땅을 녹여 흙이 엉성하게 부풀어 오르도록 해 산사태를 일으킨다.

이 모든 것으로 인해 날씨는 경제이기도 한데, 농업과 어업 같은 1차 산업은 물론, 물류의 흐름과 인력의 출퇴근과도 연결되기 때문이다. 날씨는 누구에게나 공평하게 가혹하고 무정해 보이지만, 실은 차별 없음과 거리가 멀다. 날씨가 몰고 오는 위험함과 불쾌함은 일정 부분 값비싼 주거 환경이나 적절한 냉난방 시설로 다스릴 수 있다. 그러니 날씨로 인해 가장 먼저 취약해지는 건 약자들이다. 가난한 사람, 아픈 사람, 그리고 노인. 실제로 그러한지에 대한 판단은 유보해야 하겠지만, 원론적으로 보자면 날씨 뉴스는 경제적 약자나 건강 약자를 배려하는 차원에서도 뉴스 가치를 더하게 된다.

날씨가 간편히 뉴스가 되는 데는 암묵적인 이유가 하나 더 있다. 바로 날씨는 스펙터클의 좋은 재료라는 것이다. 영상이나 사진으로 보여주기 쉽고, '그림이 될 만한' 재난의 가능성도 도사린다. 수십 번의 계절을 반복하며 세워지고 허물어진 날씨 보도엔 기자들이 덧대고 기워내며 쌓아온 틀이 있다. 그 틀은 다소 뻔하더라도 볼 만한 그림을 뽑아내도록 생겨먹었다. 더움, 추움, 끔찍함, 불쾌함, 강력함, 파괴성을 나타내는 두어 줄의 묘사. 다소 흥분이 전해져 오는 제보 영상이나 사고 현장을 냉정하게 내려다보는 CCTV 화면. 현재의 온도, 풍속, 강수량, 적설량의 보고. 대대적이고 기록적인 피해와 희생에 대한 수치. 그리고 다가올 주의보에 대한 경고.

그래서 날씨 뉴스의 헤드라인은 수십 년 만의 폭염, 이번 세기의 기록적 폭우라며 새로움을 강조하면서도, 기자들이 취재하러 향하는 장소는 틀에 박힌다. 무더위에는 도심의 커다란 분수대나 호수, 인근 계곡으로 간다. 분수 속으로 뛰어드는 아이들, 계곡에 발을 담그는 사람들이라는 시각 언어는 치솟은 수은주만 보여주는 것보다 낫다고 여겨진다. 폭설이 내렸을 때는 폭포가 꽁꽁 얼어버린 것을 보여주거나 고드름이 근사하게 잘 얼고 눈이 두텁게 쌓이는 인근 산을 오른다. 태풍이 왔을 땐 휘몰아치는 바다로, 우산이 뒤집히고 창문이 깨지고 간판이 떨어지고 가로수가 바람을 못 이겨 뿌리까지 뽑히는 도심 한복판으로, 건물의 온갖 구멍에서 토사가 쏟아져 내리는 농촌 수해 현장으로 향한다. 그림이 잘 나온다고 이미 입증된 곳 말이다. 카메라는 날씨가 만들어낸 풍경의 평균치가 아니라 극대치를 포착한다.

스펙터클이라는 요소는 날씨의 어떤 것과도 쉽게 맞물린다. 날씨가 재해와 연결될 때는 어떻게 하면 '가장 위험해 보이는 상황'을 '가장 잘 보여줄 수 있을지'에 초점이 맞춰진다. 날씨를 중계하는 방송기자들이 태풍에 날아갈 듯한 모습으로 바닷가에 서있거나, 홍수로 불어난 물에 몸을 담가 수위를 보여주는 건 날씨의 스펙터클을 보여주고자 하는 차원의 실천이라고도 할 수 있다. 자연 앞에서 인간은 무력해 보일 수밖에 없는데, 기꺼이 기자의 몸을 도구로 '재해 앞에 위험해진 신체'라는 볼거리를 제공하는 모양새다. 짧은 시간에 효과적으로 메시지를 전달하기 위한 장면일 수도 있지만, 한때는 재난 체험형 기사가 경쟁적으로 범람하기도 했다. 다행히도 안전을 담보하기 어려운 이런 식의 보도는 지양하자는 지적에 많은 사람들이 이제는 수긍한 것 같다.

그러나 방송이 보여준 이미지는 재해의 생중계에서 클리셰로 자리 잡는다. 사람들은 일단 본 건 잘 잊지 않는다. 자신이 이미 본 것보다 약한 걸 보고 싶어 하는 방향으로 감각이 움직이는 법은 거의 없다. 일부 유튜버는 그래서 공중파 뉴스에서 본 것보다 더 자극적인, 더욱 위험한 상황에 뛰어드는 모습을 연출한다. 한 유튜버가 태풍을 체험하는 모습을 생중계하다 사고를 당하기도 했다. 언론사들은 이들의 행태를 '눈길 끌려고' 그랬다거나 '무모하다'고 평하며 슬쩍 모자이크된 영상을 뉴스에서 다시 보여준다. 그러나 그런 수식어가 오로지 유튜버에게만 유효한 것일까.

지금 일어나는 위험을 알리고, 경고하고, 서로가 안전하도록 다 함께 지켜보는 일은 공동체 사회에서 무척 중요한 기능이다. 공동선의 영역이기도 하다. 공영방송인 KBS가 재난방송 주관방송사를 맡아 악천후 보도에 많은 시간을 할애하는 것도, 방송과

신문이 날씨의 힘에 복종하듯 뉴스의 우선순위를 밀어 올리는 것도 안전을 위해서다. 그런데 굳은 날씨의 스펙터클이 선하고 아름다운 의도를 꽤 이상하게 오염시키거나, 비틀어버릴 때가 있다. 약자의 고난은 구경거리로 보여지고, 재난 현장은 대상화되어 정치적 포토월로 전락한다.

예를 들면, 일가족이 생명을 잃은 반지하 침수 현장을 찾아간 대통령의 사진이 고통을 굽어살피는 지도자의 이미지인 양 홍보 자료로 유포된다. 좋지 않은 날씨가 오랫동안 이어지며 뉴스로 다룰 만한 현재진행형 사건이 떨어져 갈 때쯤에는 날씨로 힘들어하는 약자 앞으로 찾아가자는 생각이 많은 기자들의 머리를 스친다. 사고의 회로 안에는 윤리적 당위, 볼 만한 장면에 대한 계산, 뉴스 가치 따위가 복잡하게 섞여있다.

냉방 기기는커녕 선풍기조차 없는 쪽방촌의 힘겨운 여름, 장마철 침수 걱정에서 자유롭지 않은 반지하 거주민, 변변한 난방 기구 없이 영구 임대아파트에서 지내는 독거노인. 그런 생활을 정치인이나 기자가 며칠간 심지어는 하루 동안 '체험'해 보는 뉴스. 이 뉴스들이 정말 약자의 고통을 해결할 수 있을까? 문제를 끝내지 못했기에 뉴스는 계절상품처럼 반복되고, 문제가 지속되고 있기에 반복에 대한 타당성을 얻는 기묘한 순환에 갇혀있는 듯하다. 지자체가 우리의 '이웃'을 위한 폭염 대책을 마련해야 한다는 클로징 멘트만 돌림노래처럼 이어진다.

우리는 안전한 자리에서 자연재해라는
스펙터클을 관람한다.
악천후는 구경거리로 전시되고,
재난 현장은 정치적 포토월로 전락한다.

멀리 갈 것도 없이 이런 뉴스는 내가 만들어온 뉴스이기도 하다. 폭염이면 쪽방촌을 떠올렸고, 카메라 기자와 함께 가파른 언덕을 올랐다. 연차가 쌓이면 쌓일수록, 이런 식으로 침범해도 괜찮은 건지 마음이 복잡해졌다. 매해 가고 있다는 점에서 틀렸다는 생각이 들어서였다. 그럼에도 들어오라는 느린 답변이 들려올 때면 매번 얼마간 안도하며 문을 열어젖혔다.

끈적한 기름때가 배어 있는 오래된 문고리를 밀어 한 사람이 더 발을 딛기도 어려운 방에 몸을 디밀고, 상황이 좀 더 나아졌으면 해서 인터뷰를 나왔다고 설명하거나 그마저도 낯이 없어서 날씨나 더위 이야기부터 주워섬겼다. 그럴 때마다 변화를 만들어내지 못할 게 뻔한데도, 혹은 느리게나마 변화가 오더라도 여기까지 닿지 못할 수 있는데도 그의 고통을 속속들이 보여달라고 하여 기록하고 알리는 일이 당사자에게 얼마나 무례하고 염치없는 일인지를 어렴풋하게나마 눈치챘다.

그저 고통의 착즙기처럼 한 방울까지 쥐어짜고 있다는 자각. 약자를 대변하겠다는, 젊지만 낡아빠진 기자스러운 다짐은 어쩌면 약자에게 목소리를 빼앗겠다는, 그들의 말을 고르고 편집하여 내보낼 권한을 양보하지 않겠다는 말의 위선적인 버전 아닌가, 하는 의심이 들기도 했다.

이야기해야 할 이슈가 밀려있고, 사람들은 더워서, 추워서, 물에 잠겨서 죽어가는 판국에 이런 염려가 지나치게 겁에 질린 것처럼 들리거나 쓸데없는 호들갑처럼 여겨질 수 있다는 걸 안다. 콘텐츠가 가지는 쇼 비즈니스적 성격에서 가장 많은 제약을 받고 있는 건 여전히 레거시 미디어(정보화시대에 앞서 대중매체를 지배해 온 텔레비전, 라디오, 신문 등의 전통적 미디어를 가리킨다)이며, 주류 레거시 미디어의 어젠다 독점 또한 속절없이 와해되는 중이니, 고통을 착취하고도 변화를 주지 못했다는 죄책감은 시대착오적인 오만인지도 모르겠다.

뉴스에 시의적절한 옷을 잘 입혀 제때 내보내는 건 기자라는 직업인으로서 훌륭한 미덕이기도 하니, 괜찮은 기자라면 모름지기 겁쟁이 이상주의자 같은 소리 따위 집어치우고 최대한 현실적으로, 무엇을 어떻게 언제 다뤄야 더 효과적인지 판단해야 하는 걸지도 모른다. 더위를 식히는 에어컨이 지구를 더 덥게 만드는 시대에 더 더워진 지구를 온몸으로 견뎌야 하는 사람들이 있다는 걸, 폭염이 한창인 여름날이 아니면 언제 보여주고 말할 것인가? 하지만 카메라 뒤에서 웅크리고 있는 진짜 주어가 카메라 앞에 서 있는 그들이 아닌 것 같다는 생각이 들 때마다, 틀린 답을 내놓고 있는 것 같았다.

날씨 뉴스가 스펙터클과 흔하게 맞물리는 데서 오는 더 큰 문제점은, 당장 화면에 담기 어렵거나 멀리 떨어진 곳에서 일어나거나 조금씩 진행되는 문제는 매번 후순위로 밀린다는 것이다. 날씨 뉴스의 소재로 어떤 지역과 어떤 계층이 주로 등장하는지를 살펴

보면, 언론이 누구의 안전을 신경 쓰는지, 누구를 볼거리로 삼는지를 알 수 있다. 당장 태풍이 특정 지역에서 극심한 위력을 발휘하고 있지 않다면, 태풍 중계차는 수도권을 중심으로 이동 경로와 위력을 살피기 쉬운 방향으로 배치되어 뉴스로 생방송된다. 인구가 많은 수도권을 향할수록 날씨 예보는 더 밀접하고 자세해지고 대처법을 꼼꼼히 알려준다. 반면 지역의 날씨는 인명 피해가 크게 난 뒤에야 본격적으로 다루어진다.

그렇게 뉴스는 한국 사회의 주류인 수도권 중산층의 시각을 탈각하는 데서 자주 실패한다. 충청북도 청주시 흥덕구 오송읍 궁평2지하차도에 흙탕물이 가득 차있고, 그 안에 시내버스가 잠겨있는 모습을 보여주는 드론 화면은 14명의 희생자를 되살려 낼 수 없기에 막막하다. 사고 현장에 도착하는 보도 카메라는 필연적으로 시차를 가지게 된다지만, 지역에 카메라가 도달하는 시점은 언제나 이미 사람이 꽤 많이 죽은 뒤 같다는 건 그저 기분 탓일까? 이런 혐의가 신경증적이라며, 지역엔 지역 뉴스가 있지 않느냐고 대충 흘려들을 일에 불과할까?

미디어오늘에 따르면 2020년 당시 경상도에 태풍이 연달아 상륙해 피해가 이어질 당시 공영방송은 소극적인 재난방송으로 도마 위에 오른 바 있다.[16] 부산 MBC는 2020년 태풍 10호 하이선이 상륙할 때 유튜브 라이브로 지역 시청자들과 소통해 큰 호응을 얻었는데[17] 이는 지역의 날씨가 덜 중요하게 다뤄져 온 데 따른 갈증을 방증한다.

기후 위기 역시 '오늘의 날씨'라는 강력한 이미지에 밀려 도외시되고는 한다. 인류가 필수적으로 감지해야 하는 변화지만, 그 범위가 너무나 크고 넓은 나머지 기후는 오늘의 뉴스라는 근시안적 채집망에 붙잡히지 못하고 만다. 기획 뉴스가 아니고선 기후 위기가 뉴스가 되는 일은 드물다. 큰 재난이 닥치거나, 각국의 의사 결정권자들이 잔뜩 모이거나, 급진적 환경운동가들이 비명 지르듯이 카메라의 시선을 끄는 과격한 활동을 할 때 정도면 모를까.

기후 변화를 신경 쓰는 인구가 점차 많아지면서 상황이 분명 나아지고 있고, 기후 변화가 극단적인 날씨의 형태로 나타나는 이상 기후가 도드라지다 보니 오히려 예년과 달라진 날씨 이야기 정도는 흔해져서 뉴스도 되지 않는다는 지적마저 나온다.[18] 그러나 기후가 뉴스 안에서 받는 관심이 날씨가 받는 관심의 정도를 아직 넘어선 것 같지는 않다. 주로 일이 터진 뒤에야 도착하는 게 뉴스의 패턴이라지만, 인류의 존망과 맞닿아 있는 이 주제에서만큼은 달라야 하지 않을까. 기후가 가져올 위험은 우리가 체감하는 것보다 훌쩍 가까이 다가와 있는 건 아닐까.

기후 위기가 마침내 그날의 뉴스를 휩쓸었던 하루의 기억은 선명하다. 팬데믹으로 자택 대기령이 내려진 캘리포니아주의 한 도시까지 밀려들어 온 건 바이러스도 시위대도 아닌, 연기였다. 그날 잠에서 깨자 하늘이 주황색이었다. 지평선 끝까지 모두 주황색 일

색이었다. 창문을 열자 깊은 구역감이 장기 깊숙한 곳에서부터 올라왔다. 공기에서 매캐하게 타는 냄새가 났다. 캘리포니아주 곳곳에서 커다란 산불이 났고, 연기가 대기를 점령했다. 창문을 닫아도 금세 집 안 공기까지 탁해졌다. 제대로 숨 쉬는 게 곧 어려워졌다.

공기청정기를 구하기 위해 급히 운전해 가니, 마트 앞은 코와 입을 막은 채 갈팡질팡 뛰어다니는 사람투성이였다. 차 문을 열자 오염된 공기가 훅 밀려들어 왔다. 마스크를 두 겹이나 쓴 채였지만 나는 곧 기침을 하며 숨을 헐떡이기 시작했다. 적어도 캘리포니아 지역에선, 또 미국에선 이 소식이 오늘의 가장 중요한 뉴스가 되리라는 걸 알 수 있었다.

그날 보도된 캘리포니아의 사진은 디스토피아 SF 영화인 〈블레이드 러너 2049〉의 실사판 같았다. 좀처럼 보기 어려운, 재난 영화 같은 장면이 등장하자 그제야 사람들은 눈길을 주었다. 뉴스에서 기후 위기 이야기가 나왔다. 전문가들은 산불의 가장 핵심적인 요인이 기후 변화라고 지적했다.

친구 나즈물ᴺᵃᶻᵐᵘˡ은 방글라데시 출신 기자다. 그는 평소 진지하고 조용한 성격이지만, 기후 위기를 이야기할 때만큼은 표정이 변하고 목소리가 커진다. 그의 모국인 방글라데시는 기후 위기의 최전선에 있는 국가다. 세계에서 가장 큰 삼각주 지형을 형성하고 있고, 국토의 약 70퍼센트 이상이 해수면 1미터 미만으로 이루어져 있어 홍수와 해수면 상승에 상당히 취약하다.[19] 홍수와 가뭄, 해수면 상승, 사이클론(열대성 저기압), 폭염이 끊이지 않는다.[20] 살던 땅이 잠기는 건 나즈물에겐 놀라운 일이 아니다. 기후 위기 때문에 고향을 버리고 난민이 된 사람들이 수도 없고, 정부가 강제로 이주시키는 경우도 질리도록 봤다.

방글라데시인들은 더 이상 살 수 없게 된 땅을 떠나 끊임없이 거처를 옮기는 데 익숙하다. 수십 년간 지속되어 온 지형 변화를 운명처럼 받아들이며 살아간다. 나즈물은 자국민이 기후 위기를 순응적으로 받아들이는 태도를 견디기 어려워한다. 그러나 그가 더 견디기 어려운 건, 방글라데시를 해결책을 제시하는 하나의 예시로 다루는 외신의 태도다.

외신은 자국에 기후 위기를 경고하기 위해 방글라데시를 예시로 삼는다. 방글라데시의 수도 다카의 빈민가로 내몰린 기후 난민의 남루함을 스케치하고, 방글라데시의 새로운 기후 위기 '해결책'을 소개한다. 이런 유의 뉴스는 대개 외신과 방글라데시 비영리단체의 공조로 만들어진다. 해결책은 기본적으로 대부분 방글라데시의 비영리단체들이 추진하는 것들이다.

비영리단체들은 외신 취재에 적극적으로 협조하여 활동의 긍정적인 부분을 부각한다. 비영리단체는 기후 위기와 관련된 활동을 해서 인센티브를 받는다. 홍보 성과를 올려야 더 많은 기금을 확보할 수 있다. 현지 상황을 밀접하게 지켜보기 어려운 외신 입장에서는 현지 비영리단체에 의지하지 않고 취재하기란 어렵다.
극단적 기후 위기 상황에서 해법을 찾는 빈곤한 나라의 이야기는
어느 나라의 뉴스룸에서 방영되건 딱 지금 필요한, 희망적인 뉴스
처럼 보인다.

그러나 나즈물이 보기엔 이 뉴스 안에 해결책은 없다. 극도로
빈곤한 기후 난민들이 입에 풀칠이라도 하려는 생존책일 뿐이다.
바닷물에 잠긴 땅에 농작물을 키울 수 있도록 조악한 시설을 만들
고, 다양한 쌀 품종을 개발하는 정도다.

"뉴스로 다룰 수야 있지. 끔찍한 재앙에 적응해 살아가는 인간의 회복탄력
성에 대한 이야기론 가능하겠다. 방글라데시 사람들은 생존을 위해 최소한
할 수 있는 걸 하고 있는 정도야. 우리가 해결책을 발견한 게 아냐. '저 가난
한 사람들이 지금 당장 죽지는 않는 방법을 발견한 것 같아. 참 잘하고 있
네'라고 외신들이 소개하는 꼴이야. 문제의 규모에 비해 게으르고 형편없는
대책들인데도 해결책이라니. 정말 부조리하지 않아? 기후 위기를 해결했
어? 죽음을 정말 막아냈어? 이건 본질을 가리는 뉴스야."

나즈물이 말했다. 그의 여동생은 기후 위기가 부른 홍수로 죽
었다. 어머니가 못에서 시신을 찾아 거뒀다. 이름은 리무^{রিমা}, 나이
는 네 살이었다.

캘리포니아 산불이 촉발한 기후 위기 뉴스는 운이 좋은 편이었다. 언론의 주목을 많이 받았다. 주요 언론사가 밀집되어 있는 미국에서 일어난 일이라 기후 위기의 한 예시로 잘 기록되었다. 반면 방글라데시는 언론사가 적다. 기후 위기를 기록하고 감시하고 세계로 알릴 방법조차 부족하다. 기후 위기는 전 지구적인 일이지만 언론사와 기자들은 전 세계에 고루 분포되어 있지 않다.

방글라데시는 아시아의 빈곤한 국가 중 하나다. 개발을 위해 앞장서서 탄소를 배출한 나라가 아니다. 기후 위기에 대비할 수 있을 만큼 충분히 제반시설을 갖추지 못한, 극도로 가난한 아시아의 개발도상국을 기후 위기의 샘플이자 해결책으로 소개하는 뉴스는 누구의 시선인가.

저 멀리서 일어나고 있는 일이니, 그들의 날씨가 우리의 날씨가 아니고 그들의 기후가 우리의 기후가 아니라며 무심히 지나치고 있지는 않은지. 오늘의 문제를 계속해서 이야기해야 하는 뉴스는, 그리하여 태생적으로 근시안이다. 뉴스는 인간이 만들어내는 것이라 인간을 닮았다. 보이는 걸 보이는 대로 보다가 자칫하면 주류의 시각을 답습한다.

기후 위기를 취재해 온 미국 언론인 제프 구델Jeff Goodell은, 폭염 같은 기후 위기가 가장 약한 사람들을 약탈적으로 추려내던 시기가 곧 지나갈 것이라고 예견한다. 위기가 심화될수록, 앞으로는 훨씬 더 공평하고 민주적으로 이 위기를 맞이하게 될 것이라고.[21]

우리는 국경이라는 개념으로 세계를 나누어 인식하는 데 익숙해
진 나머지, 지구가 연결되어 있고, 모든 건 생각보다 가까이 있다
는 단순한 사실을 가끔 잊는다. 그럼에도 날씨의 변화를 지켜보는
뉴스가 이미 성큼 가깝게 다가온 기후 위기라는, 거대한 세계의
날씨를 민감히 감지해 주길 바란다. 뉴스는 늘 오늘과 오늘을 말
하는 매체지만, 그럼으로써 오늘과 내일을 잇는 매개체이기도 하
니까.

재해는 어떻게
문화가 되었는가

✖

소방본부와 경찰서에서 시간대별로 발생한 사건을 체크하다 보면, 공사 현장이나 공장에서 노동자가 다치는 사고가 잦다는 걸 굳이 세어보지 않아도 곧 알게 된다. 이런 사고들은 마치 컨베이어 벨트 위에서 차곡차곡 생산되어 나오는 공산품처럼 일정한 주기에 비슷한 패턴으로 일어난다. 노동자들은 비계 위에서 일하다가 바닥으로 추락하거나, 위에서 떨어진 공사 자재에 머리를 다치거나, 현장이 붕괴되어 파묻히거나, 기계에 손이나 몸이 말려들어가거나, 손가락이나 팔이 절단되곤 한다.

그런데 촬영을 하기 위해 달려가면 대체로 상황은 말끔히 정리된 뒤다. 폴리스 라인이 쳐진 사고 현장 주변으로 썰렁한 침묵이 감돈다. 침묵이야말로 산업재해 현장에서 가장 눈에 띄는 흔적이다. 죽음이나 부상 따위의 불운한 일이 지나갔다는 걸 모두가 잘 아는 채로 입을 닫아버린, 착 가라앉은 고요함이다. 한마디를 들으려고 해도 쉽지 않고, 관계자들은 이리저리 내빼거나 입을 다물기 일쑤다.

노동자들 역시 언론 인터뷰에 대응하지 말라는 지시를 받곤 한다. 동료의 죽음이나 부상을 눈앞에서 목격한 그들은 사고 현장만 간신히 가려둔 일터에서 충격에 싸인 채로, 조용히 제 할 일을 하고 있다. 위급한 상황에도 사고가 밖으로 알려지지 않게 하려고 119 신고를 미루는 경우도 부지기수다. 입을 닫으라는 명령의 배후에는 기업의 이윤이 있다.

산업재해는 주로 인재다. 충분히 막을 수 있는 사고였지만 비용을 절감하기 위해 노동자들의 목숨을 담보로 잡고 안전 관리를 소홀하게 했다는, 뻔한 패턴이다. 직접 하기엔 험한 일이라며, 위험하다고 인지했기 때문에 하청 노동자에게 일을 넘기기도 한다. 일에 더해 위험성까지를 도매금으로 싸게 넘기는 것이다. 이럴 때 산업재해는 이미 입력되어 있는 설계 오류다. 그들이 최저가로 팔아넘기는 위험에는 작게는 다칠 위험부터 크게는 죽을 위험까지가 뒤섞여 있다.

공장과 공사 현장, 작업장과 일터 여기저기에서 날마다 꾸준하게 산업재해가 생산된다. 철골 구조물에서 작업 중 떨어짐, 승강기 설치 중 낙하한 균형 추에 맞음, 고소작업대 상승 중 구조물에 끼임, 양중된 시스템비계 부재를 받던 중 추락, 전도목 절단 작업 중 감전, 기계식 주차장 내부에서 추락, 주형 건조 작업 중 용기 폭발, 유량계 검침 중 질식, 폐황산 이송 작업 중 폭발, 화기 작업 중 비산물에 맞아 사망, 세척조 청소 중 사망. 한국산업안전보건공단의 재해사례집을 슬쩍 들춰보기만 해도 줄줄이 쏟아져 나오는 산업재해의 이름들이다.

'운이 좋게도' 산업재해 사고를 꽤 빨리 발견해 병원에서 수술을 받고 있는 노동자를 찾아가 취재한 적이 있다. 오른손 손가락 네 개를 다친 일용직 노동자 김 씨는 병실에 누운 채로 취재진과 만났다. 7년째 건설 현장에서 일을 하고 있던 그는 공사 현장에서 합판 절단 작업을 하던 중에 엄지와 검지가 절단됐고 중지와 약지까지 크게 다쳐 긴급 봉합 수술을 받았다.

프리랜서 만화가로 일하며 가족들을 부양하기 위해 공사 현장 일까지 병행하고 있던 김 씨에게는 삶이 다 무너지는 것과 같은 사고였다. 손을 다쳤으니 꽤 오랜 기간 만화 일도 공사 일도 하기 어려워질 것이었다. 침대 곁에 앉아 한참을 들은 그의 사연이 안타까웠고 기사화하기 위해 이리저리 알아봤지만 공사 현장에서 안전 조치나 뒤처리에 대단히 소홀했다고 보기는 어려워 취재 데스크와 논의 끝에 매우 짧은 기사로만 소식을 전해야 했다.

이 기사의 뉴스 가치를 측정하는 과정에서 생긴 의아함이 오래 남았다. 오른손의 손가락들이 절단된 건 만화를 그리는 게 직업인 사고 당사자와 그의 가정에는 측량할 수 없는 고통이고 비극일 것인데, 사회적으로는 사고의 과정에서 특이점이 크지 않으니 기사의 가치가 높지 않다고 잘라 말해야 하는 기우뚱한 불균형에서 오는 갸웃함이었다.

　문제는 산업재해라는 고통의 흔함이다. 흔한 고통은 문제가 아닌 문화가 되어 사회 안에 천연덕스럽게 한자리를 차지하고 앉는다. 통계는 이 기사 저 기사에 인용되며 산업재해가 얼마나 많이 일어나는지 보여주기도 하지만, 잘 정리된 숫자 속으로 진짜 이야기들을 빨아들여 감춰버리기도 한다. 산업재해가 흔하면 흔할수록 '끊이지 않는 산재' 같은 제목을 단 기사를 계속해서 만들기도 새삼스러워진다.

　흔한 사고일수록, 어디서나 보이는 사고일수록 그 고통을 보는 일에 능숙해지고, 주기적으로 비슷한 소식을 들은 나머지 거의 아무것도 느낄 수 없는 상태가 되고 만다. 결국 시급하게 해결해야 할 사회문제가 '계속 일어나고 있기 때문에' 이야기되지 않는다는 패러독스에 빠진다.

　물론 전통적으로 노동 문제에 깊은 관심을 가진 매체들은 새로운 방식으로 산업재해를 말하려고 진지하게 노력하고 있다. 잘 알려진 사례가 경향신문의 2019년 11월 21일자 1면 기사일 것이다. 경향신문은 사망한 산업재해 노동자들 1200명의 이름을 신문

가장 앞면에 나열하여 한꺼번에 보여주었다. 이와 같은 새로운 스토리텔링 기법은 산업재해라는 꾸준한 아픔 앞에 자꾸만 몽롱하게 잠들어 버리는 미디어와 대중에게 고통을 최대한 신선하게 만들어 보여주려는 시도이기도 하다.

그러나 뉴스는 자주 이색적인 구석이 있는 죽음에 더 크게 반응하고, 우리 주변에서 쉽게 볼 수 있는 흔한 고통에 대해서는 침묵한다. 산업재해가 침묵의 고통이 되는 두 번째 이유다. 2022년 하반기에 SPC의 계열사인 제빵공장에서 노동자가 끼임 사고로 숨진 뒤 초기에 미디어가 크게 반응하지 않자 오히려 대중이 나서서 이슈가 되었던 다른 죽음들과 비교하며 분노했던 현상 역시 미디어의 관성에 대한 공분이다.

어떻게 하면 이 침묵을 깨워 말의 영역으로 잘 데려올 수 있을까. 이 질문에 답하기 위해선 어떤 산업재해가 주로 뉴스로 옮겨지는지를 먼저 돌아봐야 한다. 크고 이름 있는 기업에서 일어난 산업재해일수록, 그 기업이 솜씨 좋게 뉴스를 틀어막지만 않는다면 더 크게 주목받기 쉽다. 또 훼손된 신체로 대표되는 산업재해가 보여주기 용이하다는 점 때문에 뉴스로 더 쉽게 번역된다. 결국 눈으로 쉽게 확인할 수 있는 고통일수록 사람들에게 더 잘 알려질 수 있다는 순환 논리가 완성된다.

사고의 규모가 얼마나 큰지와 뉴스가 나가는 순간에 현재진행형인 상황이 있는지도 영향을 미친다. 특히 큰 공사 현장의 붕괴

사고는 종종 생중계되곤 하는데, 붕괴라는 사고의 스펙터클과 구조 작업이 실시간으로 진행되고 있다는 현장성, 사고를 당한 노동자들의 생사 여부에 대한 대중의 관심 등 여러 가지 조건이 맞아떨어지기 때문이다. 카메라가 무너진 건물의 잔해를 훑고 초조하게 울고 있는 피해자 가족들의 얼굴을 집요하게 더듬을 때, 안방의 시청자들은 영화에서 흔히 보아온 결말처럼 이 비극에서 살아돌아오는 사람을 보고 싶다는 욕망에 휩싸인다. 산업재해는 생환의 드라마로 곧잘 치환된다.

뉴스를 만드는 사람이라면, 특히 사진이나 영상매체를 활용하는 기자라면 '보이는 고통'을 만났을 때 기록하고 촬영해서 독자와 시청자에게 보여주고 싶다는 본능을 억누르기 어렵다. 그러나 보이지 않는 고통은 어떻게 되는 것일까. 뉴스를 전달하는 사람과 소비하는 사람이 지면과 화면에 잘 옮겨진 타인의 고통을 수집하고 감상하는 사이에 '보여줄 수 없는 고통'과 '보이지 않는 고통'은 상대적으로 소외된다.

몸이 훼손된 사람과 겉으로는 건강해 보이지만 병을 앓는 사람이 나란히 있다면 훼손된 몸의 부위 곁으로 카메라가 다가간다. 울고 있는 사람과 울고 있지 않은 사람이 있다면 주로 울고 있는 쪽으로 카메라가 간다. 고통을 집약적으로 보여주는 과정에서 자꾸만 누락이 생긴다.

영상으로 표현하는 데 한계가 있더라도 꼭 취재해야겠다고 생각했던 산업재해가 있다. 고압 전류를 다루는 전기원들이 연달아 백혈병에 걸리고 있다는 제보였다. 일터의 환경과 노동 조건으로 인해 몸이 점점 망가지고 병에 걸리는 건 산업재해의 패턴 중 하나다. 마치 잘 통제된 환경에서 인체 실험이라도 하듯이, 같은 환경에서 십수 년에서 수십 년간 일을 한 노동자들이 동일한 질병에 잇따라 걸린다. 노동자들은 이 질병이 노화나 유전으로 인한 것인지, 원인을 특정하기 어려운 스트레스로 인한 것인지 알지 못하다가 동료들에게 쥐어지는 같은 진단명을 확인하고서야 자신들을 둘러싼 산업재해의 고요한 위력을 서서히 알아차리게 된다.

이런 유의 산업재해는 시간의 흐름 속에 물처럼 넓고 얕게 깔려 서서히 진행되고, 몇 개의 죽음이 손에 쥐어지기 전에는 형체조차 잡히지 않는다. 병과 일의 연관성을 입증하는 과정은 지난하고, 인정받기도 어렵다. 발생 비율에 비해 뉴스에 자주 등장하지도 않는다. 병에 걸린 당사자들은 "나와 내 동료가 왜 아픈지는 뻔하다"며 직관적으로 질병이 일과 연관되어 있는 걸 알 수 있다고 말하지만, 과학적이고 의학적으로 그 인과관계를 입증해야 할 책임은 기업이 아닌 노동자에게 과다하게 부과되어 있다.

한국전력 하청 노동자로 고압선 정비를 하던 장 씨가 산업재해를 인정받은 건 사망하고 3년이 지나서였다. 백혈병과 고압선 정비의 연관관계가 처음으로 인정된 사례였다. 장 씨는 절연 장갑을 끼고 고압선을 직접 만지는 활선공법으로 배선 보수 작업을 했다. 이 작업은 감전 사고 위험도가 높아서 '사람 잡는 작업'이라고 불린다. 장 씨는 50대에 급성백혈병으로 죽었고, 죽음과 함께 소멸되어 버린 질병은 서류 몇 장 위에만 남아있다. 25년 이상 2만 2900볼트의 고압 전류가 흐르는 전기선에서 작업하며 유해한 자기장에 노출돼 백혈병에 걸렸다고 쓰인 채로.

같은 일을 20여 년간 하다 10년간 백혈병을 앓은 다른 노동자도 항암 치료를 받고 있었고, 고압 변전실 노동자도 백혈병에 걸렸다고 했다. 같은 업종 종사자들이 잇따라 백혈병에 걸리는 건 아주 이례적인 일이다. 비인두암이 시신경까지 전이돼 한쪽 눈이 거의 안 보인다는 노동자도 있었다. 한 전기원은 30킬로그램에 달하는 연장을 차고 16미터 높이의 전주電柱 위에서 고압선 작업을 하면 머리카락까지 곤두선다며 "전기는 우리에겐 저승사자"라고 말했다.

전자파가 수십 년에 걸쳐 인체에 영향을 주고 질병을 자라게 하는 과정은 카메라라는 매체로 쉽게 전달할 수 있는 고통이 아니다. 사방에 흩어져 있던 질병의 흔적을 꿰어 하나의 이야기로 완성할 때에야 고통은 비로소 형체를 입는다. 한국전력은 취재를 통해 모인 사례를 접하고도 고압선과 백혈병 사이의 인과관계에는 좀 더 면밀한 연구가 필요하다고 밝히며 끝내 소극적인 태도를 보였다.

나의 개인적인 한계이자 고민에 불과하길 바라지만, 노동자들의 고통이 잘 보이건 잘 보이지 않건, 일하다 몸과 마음을 다치는 산업재해를 묘사할 때는 되도록 확실한 방식을 택하려는 유혹에 빠지게 된다. 가해자라고 할 수 있는 기업이 산업재해를 끝내 지워버리고, 은폐하고, 모른 척하려고 하니, 부인할 수 없는 묘사와 증거를 수집해 보여주고 싶어지는 것이다. 산업재해가 흔하게 퍼져있는 일이다 보니 시청자들이 이 뉴스를 그저 지나쳐 버리지 않을까 하는 노파심 어린 걱정 역시 훼손된 신체를 빠짐없이 묘사하도록 한다. 다양한 감수성의 정도를 지닌 개개인으로 구성된 집단을 향해 이쪽을 바라봐 달라고 던지는, 수류탄과도 같은 묘사들이다. 무엇이 효과적인 반응을 이끌어낼지 모르니 최대한 쓸 수 있는 장비는 다 꺼내서 쓰는 식이다.

2022년에 크게 이슈가 된 SPC 제빵 노동자 끼임 사고는 직접 취재한 사건이 아니지만 기사들을 살펴보면 혹시 다른 기자들 역시 비슷한 고민에 빠져있지는 않은지 의구심이 든다. 기사 몇 개만 훑어보아도 노동자가 소스를 배합하는 과정에서 기계에 어떤 식으로 끼었는지, 그 죽음의 순간을 생생히 그려볼 수 있을 정도로 자세하게 묘사되어 있다.

많은 매체가 '소녀 가장'이라는, 사실이 확인되지 않은 수식을 붙이다가 유가족의 분노를 사기도 했다.[22] 어쩌면 연민을 끌어내기 위해 처참한 묘사와 더불어 '안타까운 사연'까지 동반해야만 비로소 산업재해 기사도 관심을 받을 수 있을 거라고 매체들은 지레 자포자기하고 있는 게 아닐까.

2022년부터 중대재해처벌법(중대재해 처벌 등에 관한 법률)이 죽음의 되풀이를 멈추자며 시행되기 시작했다. 쉽게 말해 산업재해로 인명 피해가 날 경우 사업주나 경영자가 책임지도록 하는 법이다. 커다란 걸음을 내디딘 셈이지만 실효성에 대해서는 여전히 의문이 남는다. 시행 첫 해, 중대재해법 적용 대상 200여 건 중 재판에 넘겨진 것은 11건에 불과했다.[23] 중대재해법 위반 첫 판결에서 법원은 원청 대표에 징역형에 집행유예 3년을 선고했다.[24] 판사는 "이 책임을 모두 피고인에게만 돌리는 것은 가혹하다"고 설명했다. 윤석열 정부는 "기업이 최대한 피해 입지 않도록 하겠다"며 그나마 있는 법도 약화시키려 하고 있다. 국민의힘은 중대재해처벌법 집행이 이미 유예되어 왔던 50인 미만 사업장에 2년 더 법 적용을 유예하는 법안을 발의한 상태다.[25]

구의역에서 스크린도어를 홀로 고치다 숨진 김 군. 태안화력발전소에서 홀로 작업하다 석탄 이송 컨베이어 벨트에 끼여 숨진 하청 노동자 김용균 씨. 우리가 기억하는 이름은 얼마 되지 않는다. 한국산업안전보건공단의 산업재해 통계에 따르면 여전히 하루에 6명이 넘는 노동자가 산업재해로 목숨을 잃고 있다.

우리가 보이는 고통을 수집하는 사이에
보여줄 수 없는 고통과 보이지 않는 고통은 상대적으로 소외된다.
우리가 기억하는 이름이 몇 개인지를 헤아려본다.

아픔이
혐오가 될 때

어머니들은 자주 주저앉는다. 길바닥에 드러눕는다. 소리를 지른다. 발을 구른다. 눈물을 흘린다. 목소리에도 얼굴에도 물기 한 점이 비치지 않을 만큼 지쳐있을 때도 있다. 버스로 세 시간이 넘게 걸리는 먼 길을 와서다.

눈물을 흘리지 않고도 울 수 있다. 그걸 나는 어머니들에게서 봤다. 전두환의 연희동 자택 앞에서, 여의도 국회 앞에서 어머니들은 쓰러져서 운다. 악을 쓴다. 어머니라고 부르던 아이가 살아 있던 시간보다, 사라져 버린 뒤의 시간이 더 길어지고 있다. 그들은 1980년 5.18 민주화운동 당시 광주에 살고 있었고, 계엄군 공수부대의 집단 학살로 자녀를 잃었다. 어머니라는 이름을 잃고, 오월 어머니라는 이름을 대신 얻었다. 오월 어머니들은 어차피 늘

속으로 울고 있으니 별로 어려울 것도 없다는 듯, 울어준다. 보여준다. 카메라 앞에서.

2019년 1월, 그날도 어머니들은 주저앉았다. 우중충한 날이었다. 공기 중에서 비 오기 전에 나는 냄새가 났다. 국회 앞 아스팔트 바닥이 차게 식어있었다. 누빔 처리된 방한복을 차려입은 어머니들은 대체로 6, 70대 언저리였다. 비교적 따뜻한 지역에서 올라와서인지 털모자까지 챙겨쓰고 온 사람은 잘 없었다. 비슷비슷하게 곱슬거리는 짧은 머리카락 사이로 겨울의 칼바람이 앙칼지게 파고드는 게 보였다. 갓 도착해서 두런두런 이야기를 나누던 어머니들은 한순간 아스팔트 바닥에 드러누워 울었다. 광주에서 따라 올라온 지역 기자들이 카메라를 들어 그 모습을 촬영했다.

한 어머니가 눈물을 그치지 못하고 몸을 휘청이자 지역 출신 국회의원이 말끔한 얼굴로 부축해 국회 안으로 이동하는 걸 도왔다. 5.18 단체 남성 관계자들이 뒷짐을 지고 그 뒤를 따랐다. 국회 정문을 사이에 두고 반대편에서는, 혐오로 뒤범벅된 붉은 포스터를 망토처럼 두른 늙수그레한 보수 유튜버가, "5.18은 폭동이고 북한군 소행"이라며 확성기에 대고 외치고 있었다.

출입 기자들이 상주해 있는 국회 건물 안으로 이동해, 자유한국당 원내대표실 앞으로 가자 훨씬 많은 카메라의 렌즈가 어머니들을 둘러쌌다. 카메라가 충분히 모이자 어머니들은 코끝이 빨개질 때까지 울고, 드러누웠다. 촬영된 영상과 사진은 그날 저녁 뉴스의 스크린 위로, 석간 신문과 조간 신문의 지면 위로 실려나갈 것이었다. 어머니들은 어떤 장면이 편집되어 방송되고 인쇄될지 이미 알고 있는 듯 능숙해 보였다.

카메라가 모였을 때 앞에서 잠깐 눈물을 흘린 뒤에는 흥분을 가라앉히기 위해 서로가 서로를 도왔다. 인터뷰 요청에도 바로 응했다. 5.18 희생자 가족이나 부상자 중에는 1980년대 당시에 대해 카메라 앞에서 다시 말하는 걸 두려워할 정도로 트라우마에 시달린다는 사람이 숱했지만, 어머니들은 그런 부분의 통각에 둔감해지도록 스스로를 다잡아온 것 같았다.

그도 그럴 것이, 40년에 가까운 세월 동안 어머니들이 망연자실한 표정으로 오열할 때마다 카메라들은 반응하고, 바라보고, 찍고, 퍼뜨려 주었다. 카메라는 눈물을 흘리는 인간 앞으로 자주 끌려간다. 누군가 울어야만 진짜 고통의 증거로 인정받을 수 있다는 듯, 클로즈업해 촬영하고 집중적으로 편집하곤 한다. 결국 어떤 장면이 나가게 되는지 숱한 경험으로 알게 된 어머니들에게 울음은 단순 노동에 가까워 보였다.

관계자들이 어머니들을 시위에 모셔오고 카메라 앞에 드러내는 방식에 대해 이용한다며 냉소하는 사람도 있었지만, 정작 어머니들은 크게 개의치 않는 듯 보였다. 할 일을 하는 모습이었다. 수십 년간 희생자의 어머니로 살아오며 카메라 앞에서 자신에게 주어진 '역할'이 무엇인 줄, 기대치를 충족했을 때 카메라가 무엇을 약속해 주는 줄, 알고 있었다. 오래된 슬픔이 주목받기 위해 무엇을 해야 하는지 말이다. 새롭지 않은 고통은 다뤄지기 힘드니까. 뉴스는 슬픔에 약간의 시의성이라도 보태져야 그 굼뜬 몸을 빠르게 움직인다.

역사의 영역으로 들어가야 할 오래전 사건이 오늘의 뉴스로 다시 소환되는 경우가 있다. 재심으로 잘못된 판결이 뒤집혔을 때처럼 해묵은 진실이 마침내 밝혀질 때나, 과거의 국가 폭력에 대해 책임자나 책임자의 가족이 사과하거나, 퇴직한 관료가 업무상 기밀을 수십 년 만에 공개할 때 역사는 오늘이라는 옷을 차려입고 뉴스에 등장한다. 이럴 때 과거는 잘못됐던 부분을 바로잡고 다시 얌전히 역사 안으로 퇴장하곤 한다.

5.18 민주화운동의 경우는 반대였다. 오래된 슬픔에 보태진 진짜 시의성은, '새로운' 혐오였다. 카메라가 오월 어머니들 앞으로 다가온 건, 단순하게 말하자면 그에 대한 반응을 보기 위해서였다. 오월 어머니들의 농성은 1980년대보다 훨씬 늙고 약해진 몸을 끌고서라도 반응하지 않을 수 없게 된 작금의 상황에 대한 비명에 가까웠다. 눈물은 슬픔 쪽으로 기자들의 눈을 반쯤 돌리게 했지만, 여전히 절반의 눈은 '진짜 시의성'인 혐오와 왜곡 쪽에 쏠려있었다.

표면적인 이유는 복잡했지만, 사태의 근원은 전두환이었다.

5.18 가해자인 전두환이 재판에 출석하지 않고 있었다. 새로 출간한 회고록 안에서 한 성직자가 5.18 당시 헬기 사격을 증언한 것을 두고 "가면을 쓴 사탄"이라며 막말을 했다가 기소된 터였다. 전두환은 퇴임 이후 한 번도 광주에 오지 않았기에, 학살 38년 만에 광주 법정에 서게 되자 이목이 집중됐다.

권력 찬탈을 위해 자국민에게 총칼을 휘둘러 대통령이 됐고, 결국 재판을 통해 실형을 선고받고 전前 대통령에 대한 예우까지 박탈당한 자였다. 회고록 안에는 그러나, 근현대사에 패자로 기록되고 싶지 않았던 이의 자기 변호와 역사 왜곡이 가득했다. 사전만큼 두꺼운 세 권의 회고록에 5.18 피해자와 가족들에 대한 사과는 한 줄도 없었다. 그즈음 부인 이순자 씨가 그런 전두환을 "민주주의의 아버지"라고 불러 비난을 받기도 했다.

회고록에서 정점을 찍은 역사 왜곡의 뿌리는, 5.18 발생 초기부터 시작됐던 전두환 당시 중앙정보부장 서리와 신군부의 정보조작에 그 유래가 있다. 보안사령부 비밀조직까지 문서 조작과 왜곡에 동원됐다. 공수부대를 보내 시민을 죽이고도, 시민들에게 죄를 덮어씌우고 자신들에게 잘못이 없었다는 서사를 만들기 위해서였다.

5.18이 국가적으로 민주화운동으로서 인정받고도 북한 특수군이 광주 시민인 척하며 저지른 일이라느니, 폭동이라느니 하는 끈질긴 거짓말에 수십 년간 시달리는 이유다. 문제는 "5.18은 폭

동"이며 "북한 소행"이라는 가짜뉴스와 역사 왜곡이, 전라도에 대한 오랜 지역 차별과 맞물려 새로운 인터넷 '밈'이 된 현상이었다. 일부 인터넷 커뮤니티에서 혐오는 즐거운 놀이였다.

대표적인 사건이 폭력적 성향의 인터넷 커뮤니티인 일간 베스트 사이트, 이른바 일베에 게재됐던 '홍어 택배' 게시글이었다. 옛 상무관 앞에 안치돼 있던 5.18 희생자들의 관을 찍은 사진을 홍어라며 비웃는 글이었다. 홍어는 인터넷에서 전라도에 대한 지역 비하적 멸칭으로 쓰이는 단어다. 총에 맞아 숨진 자녀들의 마지막 모습을 잊지 못하는 유족들에게, 죽은 사람을 경박하게 조롱하며 낄낄거리는 모습은 큰 충격과 상처를 줬다. 일베에는 이런 글 외에도 신군부의 논리를 조악하게 이식받은 5.18 민주화운동에 대한 가짜뉴스, 희생자와 유공자에 대한 혐오가 넘쳐났다.

끝내 잘못을 사과하지 않는 학살자와 그를 좇아 망자를 비웃고 혐오하는 사람들이, 무시할 수 없을 정도의 빈도로 등장하고 있었다. 나를 포함한 기자들은 그 인면수심의 행동을 보도했다. 잘못된 행동이라고 지적했다. 5.18에 대한 혐오가 심해질수록 뉴스가 이를 다루는 비중도 커졌다.

뉴스룸에서는 종종, "이걸 우리가 다루는 게 오히려 저런 목소리를 확산시켜 주는 게 아닐까?"라는 질문이 나왔다. 역사적 진실이 왜곡되는 현상을 최대한 객관적으로 다루며 진위를 해부하는 방식으로 접근한다고 할지라도 혐오는 충격적인 소재였고, 공분을 일으킬 만한 '사건'이었다. 기자들이 충격적인 케이스를 찾아내면 찾아낼수록, 이곳저곳에서 두더지가 튀어나오는 게임처럼 쉴 새 없이 새로운 혐오 발언이 터져나왔다. 혐오가 뉴스가 되는 현상은 인터넷의 관심 끌기 문화와 결합해 주체할 수 없이 증폭했다. 이슈가 되니까 원래 있던 게 더 많이 보이는 것인지, 실제로 불어나고 있는 것인지 분간이 되지 않을 정도였다.

말은 할수록 번지는 것이라, 일부 인터넷 사이트에서만 보이던 말은 곧 광장으로 나와 보수 유튜버가 몸에 두른 깃발에 적혔고, 국회 강연에 등장하더니, 결국 국회 한복판에서 우파 국회의원들의 입을 통해서도 같은 말이 튀어나왔다. 끈질긴 왜곡에 가느다란 뿌리를 내리고 자라난 혐오는 새삼 징그럽고 놀라운 것이어서 지역 언론에서만 주로 '제사 지내듯이' 다뤄지던 5.18은 오랜만에 중앙 언론에 등판했다. 진실이 아니라 구정물 같은 혐오와 거짓이 끼얹어진 채, 5.18의 오늘이 여러 매체에 기록되었다.

그래서 마침내 등장한 게 5.18의 진상을 제대로 규명하자는 논리였다. 이 말은 한쪽에서는 가짜뉴스와 혐오의 범람을 막고 가해자들의 침묵으로 미처 풀어내지 못한 부분을 파헤치자는 뜻이었고, 다른 쪽에서는 당신들이 가짜뉴스라고 부르는 게 바로 우리가 보는 진실이라는 뜻이었다. 공동체의 차분한 숙고 속에서 출발한 진상 규명이 아닌 싸움질과 난장판에서 시작된 일이었다. 지역에서도 누가 위원으로 가느냐를 두고 썩 보기 좋지 않은 암투가 벌어지는 기류도 보였다.

진상규명조사위원회를 만들자며 정쟁이 벌어지는 사이에, 극우 논객이나 5.18 당시 진압에 참여했던 계엄군을 조사 위원으로 앉히려는 자유한국당의 시도도 몇 차례나 포착됐다. 진상규명조사위원회를 어떤 방향으로 향하게 하고 싶은지에 대한 당의 의도가 선명해 보였다. 이런 시도가 떠들썩하게 비난을 받자 자유한국당은 제 뜻대로 못 하면 하기 싫다는 식으로 위원 추천을 미루고 있었다. 안에서 괜히 등이 터지는 건 또다시, 희생자와 가족들이었다. 어머니들이 그날 자유한국당 원내대표실 앞에서 위원 추천을 제대로 해달라며 눈물을 흘려야 했던 건 이런 맥락이었다.

지역 기자들은 종종 중앙 뉴스가 역사를 기억하는 방식, 정확히는 지역에서 일어난 참사를 기억하는 방식에 대해 불만을 터뜨리고는 한다. 이런 불만을 본사와 계열사의 보이지 않는 위계 게임에서 도덕적 우월감을 빌려서나마 우위를 점하려는 시도로만 볼 수는 없다. 지역에서 일어난 참사에 더 오랜 시간을 할애하여 보도하는 건 지역 언론에게 주어진 역할이기에, 지역 뉴스는 대체로 사건을 더 느리게 잊고, 앞서 말한 일종의 '제사'라도 지낸다. 해마다 참사가 일어난 기념일 즈음 해서 특집 기사나 다큐멘터리를 편성하는 식이다. 반면 중앙 뉴스에서 오래된 일의 뉴스 가치는 해가 갈수록 낮아진다. 큐시트에서 밀리다 못해 빠져나간다.

종종 이런 누락은 정치적인 함의를 가지기도 한다. 지역민과 더 밀착되어 있는 지역 기자에게는 여전히 가치 있어 보이는 뉴스가 아침 뉴스에도 끼지 못할 때가 있다.

고통이 진자처럼 흔들리며 역사의 영역과 뉴스의 영역을 오갈 수 있는 건 아픔이 다시 파헤쳐져 상처가 덧나고 있을 때뿐일까? 5.18 혐오가 중앙 뉴스의 주목을 받을 때마다 궁금했다. 공간적으로도, 시간적으로도 아득하게 멀어져 버린 아픔들은 누가, 언제, 얼마만큼, 어떤 방식으로 다뤄야 할까? 해결된 게 없어도 시간이 간다는 이유로 언론은, 사회는 국가 폭력 피해자들에 대한 가책을 잊을 수 있는 걸까?

5.18 민주화운동 정부 기념식은 매년 국가보훈처의 주관으로 열리고, 공영방송에서 생중계로 보도한다. 때론 대통령도 찾아와서 기념사를 하는 큰 기념식이다. 5.18 희생자들의 기념 묘역은 국가에서 크고 깨끗한 모양새로 만들어 뒀다. 해마다 정치인들이 이 묘역을 찾아 고개를 숙이고, 때론 무릎을 꿇는다. 애도의 행위와 정치적 계산이 뒤섞이지 않을 수 없도록, 정치인들의 5.18 묘역 참배는 다분히 상징성을 띤 정치 행위로 진화한 지 오래다. 물론 언론도 부지런히 이런 모습을 포착한다. 호남의 표심을 얻고 싶다는 구애의 일환이거나 민주화운동을 정치적 자산으로 삼고 싶다는 의미로 풀이되곤 한다. 여기까지 보면 5.18은 제법 매끄럽

게 대한민국의 역사로 편입된 셈이다.

　전두환은 2021년에 90세의 나이로 사망했다. 자택 화장실에서 쓰러졌고 일어나지 못했다. 남겨진 사과는 없었다. 그가 사과하고 인정했다면 피해자들의 고통에 감응하지 못하고 조롱과 혐오를 쏟아내던 말들이 조금은 잦아들었을까? 적어도 지금처럼 공공연하게 이야기되지는 않았을지도 모른다. 전두환은 죽었지만 그가 유언처럼 남긴 회고록이 가해한 상처는 선연하다.

　피해자들이 죽어갔던 금남로 5.18 민주광장 한복판에는 2016년 '5.18 진상 규명'이라는 거대한 글씨가 구조물로 들어섰다. 어머니들은 40년 전에도, 지금도 울고 있는 모습으로 뉴스에 등장한다. 너무나도 전형적인 모습이지만, 그보다 전형적인 건 가해자의 행태이니, 적어도 피해자의 전형성을 견뎌야 할 책임이 언론에 있다고 믿기에 망설임 없이 그 모습을 포착하게 된다.

뉴스는 시의적절한 슬픔에 대해서만 반응한다.
아무것도 해결되지 않았지만 시간이 아득히 흘렀다는 이유만으로
어떤 피해자들은 잊혀도 되는 것일까.

빈곤 포르노를 넘어,
개인의 고통에 대한 사회의 책임

✖

머리 꼭대기에 햇빛이 들이붓는 정오였고, 바닥을 내려다보면 그림자가 작게 쪼그라들어 발에 들러붙어 있었다. 가만히 서있어도 어지러울 만큼 무더운 날이었다. 도시에는 폭염 경보가 내려졌다. 오전 취재만으로도 이미 땀범벅이 되어버린 동료들과 함께 숨을 허덕허덕하며 수저를 가까스로 들어올리던 순간이었다. 전화가 걸려왔다. 타사 신문기자였다. 사건 현장에라도 가있는지 목소리 사이로 사이렌 소음이 섞여 들어왔다.

일단, 카메라가, 와야 해, 라고 그녀는 같은 말을 소리 높여 반복했다. 우리 아파트에 큰불이 났어, 이제 막 시작된 것 같아, 소방차가 엄청 들어오고 있어, 주민들도 다 대피하고 있어. 그날 근무가 없었던 그녀는 집에서 밥을 차려먹으려다 얼결에 가족을 데리고 밖으로 대피해 있다고 했다. 놓치지 말라고, 라며 전화가 툭 끊겼다. 피차 사건을 다뤄야 하는 기자들 사이에는 경쟁사라고 할지라도 '물먹지' 않게, 즉 낙종하지 않게 서로서로 도와주는 연민과 실리가 뒤섞인 동료애가 있었다.

옆에서 대충 전화 내용을 들은 영상기자는 "불이래?" 하더니, 밥그릇에서 크게 밥 한술을 떠 한입에 밀어 넣고 끙, 소리를 내며 옆에 뒀던 ENG 카메라(필름 카메라를 대체해 텔레비전 뉴스 취재용으로 개발된 휴대용 카메라)를 다시 들었다. 운전기사와 촬영 보조도 서둘러 짐을 다시 챙기고 음식점 마루 밑에 벗어 뒀던 신발에 발을 끼워 넣었다. 식사가 채 나오지도 않았는데 계산만 하고 가버리는 우리를 보고 어안이 벙벙해하는 음식점 사장님만 뒤에 남았다.

이럴 때는 서로에게 별다른 설명이 필요하지 않다. 뉴스가 될 정도로 어지간히 큰불이다 싶으면 곧장 달려가야 한다. 뉴스를 생산하는 입장에서 불처럼 명쾌한 것도 드물었다. 불은 기다려주지 않는다. 일단 발생하면 제 규모에 맞춰 후드드득, 세를 불린다. 탈 만한 것이 있다 싶으면 몽땅 태운다. 연기를 내뿜어 식물을 전소시키고 동물을 질식시킨다.

불은 마땅히 급하게 꺼야 하는, 최대한 빨리 소강시켜야 하는 재난이다. 그러니 불이 그 자리에 있을 때 가서 서둘러 찍지 않으면 장면을 놓친다. 불이 꺼지길 모두가 마음을 다해 바랄 때, 불이 타오르는 그 순간을 놓치지 않으려고 발버둥치는 건 우리뿐일 거라고 가끔 생각했다.

취재차에서 내렸을 때는 연기가 퍼질 대로 퍼진 뒤였다. 차 문을 열자마자 화재 현장 특유의 매캐한 냄새가 코를 아프게 찔러왔다. 꼭대기 층까지 뿌옇게 들어찬 연기가 바로 눈에 띄었다. 아파트 주차장으로 빼곡하게 소방차와 구급차가 모여들어 있었다. 그 주변으로는 주민들이 어수선하게 모여 창문에서 뿜어져 나오는 짙은 회색 연기를 올려다보고 있었다. 대체로 얇은 여름옷에 슬리퍼 차림이었고, 더위와 열기, 연기에 지친 표정이었지만 그늘을 찾을 정신조차 없어 보였다. 갓난아기와 80대 노인까지 20명이 넘는 사람들이 연기를 마셔 이송되고 있는 상황이었다. 10대 소년이 옥상 문을 부수고 대피하려다가 다치기도 했다.

나이가 지긋한 몇몇 어르신들만이 평상 위에 앉은 채로 손부채질을 하고 있었다. 이미 평상 주변으로는 위험 요소가 없다는 걸 파악한 듯 침착하게 불구경을 하고 있는 모양이었다. 상황과 어울리지 않는 느긋한 모양새로 보아서는 집 안에 있다가 대피한 게 아니라, 불이 났을 때부터 바깥에서 상황을 지켜봤을 가능성이 높아 보였다. 목격자가 있을 거라는 희망으로 마이크를 집어들고 서둘러 그쪽으로 향했다.

"펑, 하고 연기가 둥글둥글해서 나오더만 처음에. 몇 번 팡팡팡 했어." 과연 어르신들은 평소처럼 응달진 평상 위에 누워 여름 낮

시간을 보내던 차에 아파트 지하실 쪽에서 불이 시작되는 걸 봤다고 했다. 아래에서 연기가 나오기 시작했다는 것이었다. 아파트 지하라면 창고로 쓰이는 곳일까, 거기서 화재가 시작됐다면 전기가 누전된 것일까, 팡팡팡 했다는 말은 작은 폭발이라도 있었다는 걸까. 의문이 풀린 게 아니라 더 아리송해졌다. 그러던 차에 한 어르신이 내 옆구리를 푹 찔렀다. "거기 왜 지하에서 청소 아줌마들 지내잖아, 아줌마들 저기 나와서 서있으니까 그리 가서 한번 물어보쇼."

어르신의 손가락 끝을 따라가니 작달막한 아주머니가 벽에 등을 간신히 기댄 채 손톱을 잘근잘근 씹으며 소방차 쪽을 바라보고 있었다. 미화원에게 다가가기 전에 영상기자에게 손짓으로 아직 인터뷰를 하지는 않을 거라는 사인을 보냈다. 이미 겁에 질린 듯한 모습인데 더 놀라게 하면 아무 말도 듣지 못할 것 같았다.

얼굴을 찍지 않는다는 조건으로 인터뷰에 응한 미화원은 아파트 지하에 청소하는 사람들의 쉼터가 있다고 했다. 지하라서 안 그래도 비좁고 환기가 잘 되지 않는데 여름철 습기까지 보태지면 냉장고 문 같은 곳에선 물이 질질 흐른다고 했다. 바닥에 신문지를 아무리 깔아도 소용이 없어서 전기장판과 선풍기를 틀어놓고 물기를 말리고 있었다고 했다. 미화원은 아무래도 전기제품을 틀어놔서 불이 난 것 같다며 고개를 푹 숙였다. 자기들 때문에 이 난리가 났으니 정말로 큰일이라며 눈물을 글썽였다.

생각보다 쉽게 화재의 원인을 깔끔하게 보여주는 인터뷰를 딴 셈이었지만 개운한 느낌이 들지 않았다. 과연 누전이 핵심일까? 화재의 원인을 지하의 습기와 가전제품 사용이 일으킨 누전으로 정리하는 건 좀 더 근본적인 원인에서 고개를 돌려버리는 것 같았다.

아파트 가장 가까이 진입한 화재 진압 차량에서 나온 소방 호스가 미화원들의 쉼터가 있다는 지하로 이어져 있었다. 지하에서 솟구친 검은 그을음은 1층까지 다 올라오진 못한 채, 지하에 머무르며 천장을 더욱 어둡게 칠하고 있었다.

아파트 지하에 사람이 살고 있다. 그 한 문장이 머릿속을 맴돌았다.

취재를 마치고 돌아가며 곰곰이 생각해 보니 이건 철저히 자본주의 논리에 따른 결정이었다. 층수에 따라, 어느 방향으로 창문이 나있는지에 따라, 채광이 얼마나 좋은지에 따라 아파트의 가격은 달라졌다. 얼마나 큰 면적을 점유할 수 있는지가 보유 자산에 따라 냉정하게 나뉘는 곳이 아파트였다.

돈을 주고 사야 가질 수 있는 공간들을 아파트에서 모조리 제하고 나면 남는 곳이 지하 공간이었을 것이다. 가장 낮은 곳, 자투리였다. 그마저도 살 만한 곳이었으면 누군가에게 팔려고 했을 테지만, 필수 가전제품을 사용하는 것마저 위험한 곳이라 상품 가치가 없으니 미화원들의 공간을 지하실로 정한다는 논리였을 것이라는 데 생각이 미쳤다.

공동 생활 공간을 깨끗하게 관리하는 미화원들은 아파트의 필수 인력이지만, 그 중요도에 비해 고용 조건이 열악하다. 미화원들은 대개 아파트 관리 업체와 용역 계약을 한 회사가 보낸 비정규직 파견 노동자다.

다음 날부터 여러 아파트를 돌며 비슷한 사례가 얼마나 많은지를 조사했다. 지은 지 20년이 넘은 아파트에서는 지하에 미화원 쉼터를 만들어 두지 않은 곳을 찾기가 더 어려웠다. 이런 식으로 지하실을 활용하는 건 불법이었지만, 불법 쉼터조차 없는 곳도 10개 중 3개는 됐다. 관리 사무실 측에서 촬영을 반기지는 않을 주제라고 생각돼 무작위로 찾아가다시피 했는데도 "대체로 다 이렇다"는 말을 들었다.

말끔히 청소되어 있는 아파트에서 누구도 크게 신경 쓰지 않는 지하실, 문을 열고 들어가면 지하실 전체에 깔려있는 구불구불한 배관 표면에 물이 맺혀 뚝뚝 떨어질 정도로 습한 공기가 피부에 들러붙었다. 곰팡내는 지하실 전체에 배어 있어 딱히 어디가 출처라고 짚어내기도 어려웠다. 지상과 가까운 천장 쪽에서 겨우 빛이 들어왔다. 광대한 벽의 규모에 비해 너무도 초라한 크기의 정방형 창문이 이따금 나있었다. 카메라 플래시를 켜지 않으면 촬영은 물론 걷는 게 어려울 정도로 빛이 잘 들지 않았다.

지하실 안쪽으로 한참을 걸어가면 샌드위치 패널로 작게 마련해 둔 비좁은 방 같은 곳이 있었다. 노란 장판과 누빔 이불이 보였다. 지낼 만한 곳이 아니었는데도 곳곳에서 생활감이 묻어났다. 언뜻 봐도 아주 오래되어 보이는 모델의 냉장고 안에는 김치가 종류별로 켜켜이 쌓여있었고, 다른 노동자와 나누어 먹으려고 한꺼번에 미리 지어둔 것인지 밥솥에는 밥이 한가득 말라붙어 있었다.

방의 뒤편으로는 바가지와 커다란 고무 대야가 보였는데, 뭘 하는 곳인가 했더니 '우리 샤워장'이라고 했다. 탈의실은커녕 제대로 된 가림막조차 없는 이 어둑한 곳에서 몸을 씻는다고 했다. 청소를 한참 하고 돌아와서 그렇게라도 씻지 않으면 땀으로 흠뻑 젖어 견디기 힘들다고 했다. 에어컨은 고사하고 다 낡은 선풍기 한 대가 겨우 탈탈거리며 돌아가고 있었다. 벽지 위로는 누런 곰팡이가 무늬를 그리며 번져나가고 있었다.

'대체로 다 이런' 풍경은 비슷하게 닮아있었다. 물이 맺힌 배관 시설 위로 아슬아슬하게 전기를 끌어다 가전제품을 쓰고 있는 것도 그랬다. 어렵사리 촬영을 허락해 준 관리 사무실들마다 "그래도 우리 정도면 정말 깔끔하게 쉼터를 유지해 드리는 편"이라고 강조했다. 위험하다는 건 모두 이미 알고 있었다.

그러니까, 한여름에 전기장판을 틀어 불이 난 인과관계는 쉼터의 환경에 이미 내재해 있었다. "전깃줄과 습기가 뒤엉켜 언제 불이 날지 모르는 이 어둑한 땅 밑에서 아파트 미화원들은 빨래를 하고, 몸을 씻고, 밥을 먹고 있습니다"고 나는 기사에 적었다. 이불과 벽지를 파고드는 축축한 물기와 악취를 없애려면 전기를 쓰는 수밖엔 별다른 방법이 없어 보였다. 한 미화원은 멋쩍어하며 폭염에도 전기장판을 틀지 않으면 아무것도 마르질 않고, 선풍기를 틀어놓지 않으면 냄새를 뺄 방법이 없다고 덧붙였다.

　카메라가 특별히 더러운 곳이나 문제가 될 만한 부분들을 집중해서 찍고 있으면 미화원들은 슬쩍 손으로 가리려 하곤 했다. 지하 쉼터에 문제의식을 가지고 있는 미화원들도 아주 드러내 말하고 싶어 하지는 않아 보일 때가 많았다. 비단 고용 문제 때문만은 아닌 듯, 우리가 여길 이렇게 쓰는 게 좀 그래 보이나, 하며 슬쩍 눈치를 살피기도 했다.

　곤란한 표정으로 살림살이를 가릴 때나, 누추해서 미안하다고 얼굴을 붉히며 말할 때 생략된 건 '나의', '우리들의'라는 소유격이었다. 카메라가 열악함의 증거로 포착하기 위해 훑고 있는 벽지와 바닥, 오래된 가전제품, 곧 무너질 듯한 샌드위치 패널 같은 것들은 그들이 날마다 딛고 사는 토대이기도 했다.

　보도란 '누군가의' 고통과 어려움에 대해 말하는 일이고, 그 하나하나의 고통 역시 누군가에게 속한 것이기에, 취재를 통해 고통에 침범하는 일은 결국 누군가의 삶에 침입하는 일이었다. 어떤 고통이 문제라고 말하는 건, 고통이지만 끝내 당신의 것인 무언가가 잘못됐다고 지적하는 일과 크게 다르지 않았다. 왜 이걸 취재하는지 잘 이야기하고 동의를 받은 것만으로는 다 무를 수 없는, 취지가 좋은 것만으로는 다 메울 수 없는, 취재 자체가 사람들에게 남기는 상처가 있었다.

이 뉴스를 봐줬으면 싶은 시청자들은 실은 아파트에 사는 입주민들이었다. 그들이 아파트 밑에 사람이 살고 있었다는 걸 봐주길 바랐다. 그래서 우리는, '그들에게' 놀라워 보일 수 있는 시각적 요소들을 열심히 모았다. 이런 걸 너희가 모르고 있었다고 충격을 주며, 이 문제를 지금 당장 고쳐야 한다는 메시지를 슬쩍 끼워 넣고 싶었다.

그러려면 '와닿게' 해야 했고, 내가 상상한 시청자들의 시선으로 미화원들의 쉼터를 묘사해야 했다. 미화원들이 굳은살 박힌 작은 손바닥으로라도 가려보려고 하는 '형편'을 자꾸만 적나라하게 찍어가야 했다. 시각적 요소를 활용하여 눈앞까지 디밀어 줘야 알릴 수 있다는 건 좌절스럽지만, 그렇게라도 바꿀 수 있다면 해본다는 다짐으로. 이게 일종의 포르노처럼 소비되어 안방의 시청자들이 자신의 처지를 위무하는 데, 그들과 그들의 자녀들을 자신의 계층 안에 더욱 깊숙하고 안온하게 머무르도록 하는 데 그치지 않길 간절히 바라면서. 서로를 돌아보기 힘든 팍팍한 사회 안에서, 억지로라도 더 약한 쪽으로 시선을 쏠리게 돕는 게 뉴스라고 믿었으니까.

사람들이 뉴스를 고통의 포르노로 소비하며
자신이 처한 안전한 자리에 만족하는 데 그치지 않기를 바라며.
평소에 보지 않았던 곳으로 눈길을 돌리길 바라며.

그러나 동시에, 사회적 약자라는 이유로 뉴스의 주제로 도마 위에 올라가고 적당한 '예시'가 되어 인터뷰를 요구받는 것 역시, 약자가 겪어야 하는 또 다른 고통 아닌가 싶기도 했다. 세상을 바꾸고 싶다고, 정의를 위하고 있다고 매일 부르짖는 열망 같은 건 대개는 기자들이나 정치인들의 것이었다.

문제의 대안을 제시하는 예시를 찾아 '이런 방향도 있습니다'고 보여주는 건 뉴스를 절망의 나열로 만들지 않으려는 노력이기도 하고, 서사를 긍정적으로 마무리 지어야 하는 기획 보도의 클리셰이기도 하다. 지하에 있던 쉼터를 지상으로 끌어올린 곳은 없을까, 라며 예시를 찾은 이유도 여기서 크게 벗어나지 않았다.

취재 끝에 경기도의 한 지방자치단체가 비용의 대부분을 부담해 미화원들의 쉼터를 지상에 새로 지어준다는 사실을 알게 됐다. 오랜 시간을 운전해 도착한 수원시 소재의 아파트 한구석에 조그마한 방 한 칸짜리 가건물이 들어서 있었다. 그럼에도 며칠간 취재하며 보았던 쉼터들과는 비교가 되지 않을 정도로 깔끔했다. 좋은 사례로 취재하는 것이니 담당자를 인터뷰하는 일도 순조로웠다.

그런데 취재에 응하는 미화원들의 표정이 좀 떨떠름해 보였다. 지하에 휴게실이 있었을 때가 낫다는 것이었다. 무슨 말인가 싶어 조금 더 이야기를 들어보니, 미화원들이 쉬는 모습이 지상으로 나와 '눈에 띄게' 되자 입주민들의 시선이 곱지 않다는 것이었다. 얼마 전에는 아파트 한 동 청소를 마치고 와서 겨우 쉬고 있었더니 청소를 하라고 돈을 줬는데 왜 놀고 있냐고 주민이 호통을 치고 갔다는 이야기도 했다. 반백인 그녀는 미화원들은 대체로 60대가 넘은 고령이라 고된 일을 하다 보면 기운이 달려서 잠시 쉬어야 할 때가 있는데 주민들이 이해해 주지 않는다고 했다. 그녀는 지상에서 올라와서 쉬면 입주민들의 눈이 '따갑다'고 표현했다.

그 말을 듣고 아차 싶었던 건, 지상으로 쉼터를 올려서 화재 위험을 줄이고 환경을 개선하는 게 더 좋은 방향이라고만 믿고 취재하고 있었던 스스로의 태도였다. 그들이 일하는 모습을 보고 이따금 상냥하게 웃으며 밝게 인사하는 정도로 어쩐지 좋은 입주민이 된 것 같다고 느끼며 지나가는 사람들이, 이들의 노동 조건을 낱낱이 알았으면 했다. 그러나 어떤 노동자들에게 보이는 곳에서 쉴 권리가 제대로 주어지지 않는 사회는, 그들의 휴식이 그다지 중요한 문제로 다뤄지지 않는 사회는, 그들이 쉬는 모습을 실은 보고 싶어 하지 않는 사회일지도 모르겠다는 걸 취재 끝 무렵에야 깨달은 것이다.

쉬는 걸 보이지 않아야 쉴 수 있는 사람들이 있다. 고쳐져야 하는 건 보이는 인프라나 환경만이 아니라 이들을 어둑한 땅속으로 밀어넣고서 깐깐한 고용주라도 된 것처럼 노동과 쉼을 고작 자신의 눈에 띈 장면만으로 평가하는 무례함이다.

그날의 뉴스에는 햇빛이 들어오는 밝은 쉼터에 앉아서 쉬고 있는 미화원들의 모습을 편집해 넣었다. 이들을 지하로 밀어 넣어 보이지 않게 만들었던 시선에 맞서, 이들이 쉬는 모습과 일하는 모습 둘 다를 그날만큼은 누구나 온전히 볼 수 있었으면 해서였다. 보이는 곳에서 쉬고 있으면 눈총을 주곤 한다는 인터뷰도 갈무리해 넣었다.

대안으로 언급된 지상의 작은 쉼터에 대한 뉴스가 그저 지방자치단체장의 뿌듯함만 부풀려 주고 끝나지 않길 바라며. 빛과 땅과 휴식이 조금은 더 공평하게 주어지길 바라며.

어떤 이야기는
이름을 갖지 못한다

✖

그녀에 대한 기사를 읽고, 직접 만나서 인터뷰를 해야겠다고 결심하기까지 걸린 시간은 매우 짧았다. 연말이면 전 재산을 기부하는 기초생활수급자 할머니. 이건 '이야기가 된다', 뉴스 가치가 있는 이야기라는 확신이 들었다. 마침 연말이라 기부에 관한 뉴스가 나가기에 적절한 시기였다.

　연말연시는 기부가 뉴스가 되는 때다. 거리에 구세군 자선냄비가 들어서고 종이 울린다. 모금 목표액과 달성 금액을 나타내는 사랑의 온도탑이 제막식을 한다. 앵커들도 사회복지공동모금회인 사랑의 열매에서 만든 붉은 브로치를 재킷에 달고 방송을 하고, 일부 방송국에서는 기부자들의 이름과 금액을 하나하나 읽어주며 어려운 이웃들에게 온정을 나누어달라고 호소한다.

가장 추운 계절, 어떻게든 더 많은 사람들의 호주머니를 열어 소외된 이웃을 돕고 공동체의 기온을 올리려고 하는 건 모두의 오래된 환상이다. 언뜻 생각하면 '소외된 이웃'에 해당할 수도 있는 사람이 해마다 전 재산을 기부한다니, 오랜만에 만나는 아름다운 이야기라고 생각했다. 전화기를 쥔 손이 이미 바빠지고 있었다.

할머니를 찾으려 수소문을 한 끝에 그녀를 잘 안다는 주민자치센터 공무원과 연락이 닿았다. 할머니는 새벽부터 폐지를 줍는데, 폐지를 다 주우면 노인과 장애인을 위한 무료 급식소로 가서 날마다 배식 봉사활동을 한다고 했다. 통화로 이런 내용을 듣던 때가 점심 무렵이었다. 그녀가 우리를 만나주기로 했다는 말을 듣자마자 곧장 급식소로 향했다. 할머니는 70대 초반으로 무료 급식소 안에서 밥을 먹고 있는 다른 어르신들과 비교해 나이가 크게 젊은 편은 아니었다. 그러나 자세가 아주 꼿꼿하고 걸음걸이가 활기차 곧장 눈에 띄었다. 할머니는 김이 피어오르는 밥을 꽉 채운 식판들을 두 손 가득 들어 사람들 앞으로 나르는 데 여념이 없었다. 자신을 찍고 있는 카메라에 신경을 쓰는 것 같지는 않았다.

이런 작은 행동들이 인터뷰이의 우선순위나 가치관을 은연중에 드러낸다고 믿는 편이다. 때로 카메라 앞에서 어떻게 반응하느냐에 따라 사람들의 명예욕을 가늠하곤 하는 얄궂은 습관이 있는데, 그녀는 그런 부분에 대한 욕망이 잘 없어 보였다. 가까이 다가가 인사를 하자 단정히 쓴 붉은 모자 아래로 눈을 내리깔며 미소를 지었다.

　배식을 마친 할머니는 잔반을 담은 도시락통을 들고 우리 곁으로 다가왔다. 매일 무료 급식소에서 봉사활동을 하고 남은 밥과 반찬을 얻어 끼니를 해결한다고 했다. 이렇게 살면 거의 돈 쓸 데가 없다고 말하며 할머니는 웃었다. 집으로 함께 걸어가며 들은 할머니의 일상은 대단히 간소하고 소박했다. 유일한 수입원은 폐지를 줍는 일이었다. 길에 버려진 종이 상자나 빈 유리병을 보면 "얼른 주워서 1원이라도 더 모아 어려운 사람에게 줘야겠다"며 부지런을 떨게 된다고 했다. 하루 종일 집 주변을 돌며 폐지를 2, 30킬로그램 정도 주워서 2, 3000원 정도를 벌고 연말이면 아끼고 아껴 모은 1, 20만 원 정도를 기부한다고 했다. 벌써 3년째였다.

　잠시 이야기를 나누며 촬영은 크게 두 군데 정도를 더 하면 되겠구나 싶었다. 할머니의 생활 환경이 드러나는 집과 동네를 돌며 폐지를 줍고 있는 모습을 담으면 넉넉하지 않은 생활 속에서도 기꺼이 가진 전부를 내어주는 한 사람의 삶을 압축적으로 보여줄 수 있을 것 같았다. 할머니는 작지만 정갈하게 꾸민 단칸방에서 살고 있었다. 월세가 10만 원이라고 했다. 색깔을 맞춰 입은 목 폴라와 모자를 보며 옷을 굉장히 세련되게 입으신다고 말을 건네자 옷을 전혀 사지 않는다는 대답이 돌아왔다. 할머니는 깨끗한 옷으로 가득한 옷장을 활짝 열어 보이며 이 옷들은 모두 폐지와 고물을 주울 때 남들이 버린 옷을 가져와 잘 빨아둔 것이라고 했다. 카메라는 비좁은 단칸방의 규모를 가늠해 기록하고, 소유물에 대한 할머니의 말을 녹음해 빈 정보들을 메꾸었다. 할머니가 민첩하고 야무진 걸음걸이로 수레를 끌며 폐지를 주우러 다니는 모습도 빠짐없이 촬영했다.

뉴스에 대한 반응은 좋은 편이었다. 그날 많은 매체가 할머니의 사연을 다뤘지만, 할머니가 사는 단칸방의 환경과 하루 종일 타인을 돕기 위해 애쓰고 절약하며 사는 모습 등 신문 지면으로는 다 전달되지 않은 요소들을 방송 뉴스로 생생하게 보여줄 수 있었다. 할머니가 다소 떨리는 목소리로 진심 어린 마음을 전하는 모습에 마음이 크게 움직여 기부를 하고 싶어졌다는 사람도 있었다. 단칸방 마루에 앉아 "집이라도 있으면 팔아서 나보다 더 어려운 사람에게 주고 싶다", "나에겐 지금의 삶이 호강이다"고 말하는 모습에 취재하던 나부터도 말문이 막혔으니 어쩌면 시청자들 역시 비슷한 울림을 느꼈을 것이라는 생각이 들었다.

뉴스를 마치고 나서도 나는 괜히 몇 번 더 할머니 댁에 찾아가곤 했다. 방송에 나간 인터뷰는 고작 몇십 초 분량이었지만, 할머니와 더 긴 이야기를 나누는 과정에서 받은 여운이 있어서였다. 할머니는 유난히 굴곡이 많았던 삶 속 자신을 괴롭힌 사람에 대해서 말할 때도 연민과 애정을 가지고 이야기했다. 그런 힘이 배울 수 있는 거라면 배우고 싶었다.

하루는 누군가에게 받았다며 홍삼 사탕 한 봉지를 서랍에서 꺼내 기어이 쥐어주기도 했다. "줄 수 있는 게 더 있었으면 꼭 내가 줬을 텐데"라고 안타까워했다. 마지막 남은 음식을 쥐어주는 그녀의 눈에 사랑과 연민이 있었다. 단순히 '윤리적인 듯 보이는' 기부와 봉사의 겉모습을 좇는 사람이 아니라 줄 수 있는 게 있으면 말 그대로 남들에게 다 줘버리는 사람이 분명하다, 라는 걸 느꼈을 때 마음에 불이 붙는 것과 같은 충격이 있었다.

할머니에 관한 뉴스는 이른바 '미담'이었다. 시시비비를 가리며 누구의 편인지를 끈질기게 캐묻거나 누군가를 비난하고 윤리의 도마 위에 올려 세밀히 썰어내는 일반적인 사회부 뉴스와는 달랐다. 뉴스를 만든 뒤에 여기저기서 공격이 들어올 만한 기사도 아니었다. 기억에 남는 취재였고, 할머니를 인터뷰할 수 있어서 기뻤다. 그런데 묘하게도 몇 가지 의문이 마음 안에서 덜걱거렸다. 요점은 이 선행의 본질을 제대로 전달했느냐는 것이었다. 그녀가 소속된 계층에 대한 선입견 몇 가지로 헐겁게 스케치한 기사가 아닌지 자꾸 마음에 걸렸다.

개가 사람을 물면 뉴스가 안 되지만 사람이 개를 물면 뉴스가 된다는 아포리즘처럼, '도움을 받아야 할 사람'이 오히려 타인을 도왔다는 식의 서사가 일종의 전복이고, 그래서 뉴스가 된다고 즉각적으로 판단했던 것은 아닌가 하는 껄끄러움이 뒤늦게 남았다. 앵커 멘트에도 "본인이 도움을 받아야 할 처지인 기초수급자 할머니가 폐지 줍기로 모은 돈으로 자신보다 더 어려운 사람들을 위해 써달라고 기부했습니다"는 문장이 들어갔다.

그러나 할머니는 정말 도움을 받아야 할 처지였을까? 할머니는 내가 만난 어떤 사람보다도 마음 씀씀이가 너그럽고 배포가 컸고, 자신의 삶을 잘 다스려 타인에게 최대한 베풀려고 하는 숭고한 사람이었다. 할머니는 건강한 데다 경제적인 상황을 충분히 잘 통제하고 있었고, 원하는 삶을 살기 위한 구체적인 방법론을 하루하루 실천해 나가고 있었다. 할머니가 노년층의 기초생활수급자라는 이유만으로, 내가 그리고 뉴스를 만드는 우리가, 지나치게 범박한 기준을 적용하여 당연히 도움을 주어야 하는 연민의 대상으로만 소비하고 있었던 건 아닐까?

거의 본능적으로 '이건 뉴스다'고 판단했던 마음 아래에, 그녀의 선행을 기록하는 방식 중에, 가난을 일종의 역경으로 보는 태도가 배어 있지는 않았는지 의구심이 들었다. 그녀가 사는 곳에 찾아가 비좁은 집과 적은 세간을 클로즈업해 보여주고, '그럼에도' 폐지를 주워 모아 남에게 베푼다고 말했던 건 곧 '힘든' 환경 속에서도 베푸는 마음을 잃지 않았다는 이야기였다. 자본주의의 하층부에 있는 '이렇게나 가난한' 사람이, 늘 더 많은 것을 욕망하는 자본주의의 논리에서 벗어나 자신이 가진 것을 나눈다는 것에 놀라며 뉴스를 전하는 태도 자체가 자본주의의 비좁은 틀 안에서만 그녀의 삶을 협소하게 해석하고 있는 것이라는 생각도 들었다.

강자들의 선행만큼은 아니겠지만, 약자들의 선행은 종종 스포트라이트를 받곤 한다. 물론 약자들의 선행이 과다 재현되고 있다고 생각하지는 않는다. 인간의 선함이 사회적으로 지위가 높거나 재산이 많거나 교육을 아주 잘 받은 집단에서보다, 혜택을 누리지 못한 계층에서 더 자주 발견된다는 걸 귀납적으로 배워왔기 때문이다.

다만 약자들의 선행이 뉴스가 될 때는, 이들이 약자라는 부분에 뉴스 가치가 실린다. 약자라는 점이 필요 이상으로 강조될 때도 있다. 내가 느끼는 불편함은 공동체의 도덕심을 환기하는 역할까지 약자들에게 과다 부여된 것은 아닌가 하는 노파심에서 온다. 연말이면 자기 재산을 다 기부하는 '착하고 가난한' 사람들의 이야기는 심심치 않게 뉴스에 등장한다. 이런 뉴스들에는 "아직 희망이 있다", "사람 사는 사회다", "따스한 온정을 느꼈다"는 반응들이 따라오곤 한다.

이들이 겪는 '불우함', 그걸 견뎌낸 '근면함'과 '베푸는 마음'이 순차적으로 조명될 때, 이런 뉴스들은 누구를 향해 어떠한 메시지를 보내게 될까? 뉴스 매체의 메시지 주입 능력을 과신하는 건 아니지만, 혹여 이런 뉴스가 약자들의 도덕성에 대한 기대치를 높이고 행동의 폭을 더 옭아매는 것은 아닐까? 희망의 증거로 함부로 소비되는 건 이들이 과연 동의한 역할과 노동인 걸까? 뉴스가 은근슬쩍 제시하는 '옳은' 삶의 방향 앞에 어쩌면 가장 여린 마음들,

자기를 검열할 필요가 없는 선한 이들이 먼저 반응하게 되는 건 아닐까? 그렇게 약자들의 선행과 관련된 뉴스는 계속해서 생산되고 소비되면서, 또다시 그들이 선하기까지 해야 하는 세상을 이끌어내는 데 일조하고 있는 건 아닐까? 만약 누군가가 안방에서 이 뉴스를 보고 부끄러움과 감동을 느낀다면, 그 감정은 어디에서 오는 걸까? 나보다 '더 못한' 사람도 누군가를 돕고 있다는 우월 의식이 깔린 반성인 걸까? 뉴스는 약자를 슬쩍 도구로 삼아 섣부른 계몽을 하며 사람들의 삶에 개입하고자 하는 걸까?

할머니는 '더 가졌다면 더 줬을 것'이라고 말했다. 그 말에 담긴 진실성을 느낀 순간은 내게 충격으로 남아있다. 할머니의 기부의 본질 안에는 자신을 스쳐가는 돈을 쥐고 있지 않고 필요한 사람에게 넘겨준다는 기본이 있었다. 그렇다면 그녀가 어떤 계층에 속해 있는지는 크게 중요하지 않은 건 아니었을까? 그녀의 '형편'을 보여주는 대신 그녀가 가진 기부의 철학에 대해 더 많이 들었어야 하지 않았을까. 자본주의의 틀 안에서 살고 있는 우리는, 주는 마음에 앞서 가진 게 거의 없다는 조건들을 상세히 따지고 나서야 감동으로 이동할 수 있는 것일까?

평생을 아낌없이 주며 산 이 가난한 노인은 인터뷰 내내 자신은 아무것도 필요 없다, 다른 사람에게 더 주고 싶다는 말만 되풀이했습니다.

이것이 뉴스의 마지막 문장이었고, 그녀를 가난한 노인이라고 부르는 것보다 나은 방식은 없었을지를 내내 고민한다.

거대 기업 총수나 재벌의 미담은 잘 다듬어진 보도 자료를 통해 얼마든지 재현될 수 있다. 스피커를 잘 갖춘 사람들은 '몰래' 선행을 한 이야기마저도 언제든지 '남몰래'까지가 선행을 부각시키는 장치가 되어 노출되곤 한다. 미담이 특권 계층에 의해 독점되는 현상은 계급사회를 심화할 것이다. 이런 점을 고려한다면, 재현과 전달을 하는 데 훨씬 더 많은 논의가 필요하다고 느낄지언정 약자들의 선행에 대해 쓰는 일은 미담의 역사를 다분화한다는 것만으로도 분명 의미가 있다. 자주 사라져 버리는 그들의 말과 이름과 행위를 역사와 기록으로 남기는 일이기도 하다. 할머니는 동네에서 고독사한 노인들 12명의 장례를 대신 치러주기도 했는데, 기부에 대한 인터뷰를 하는 과정에서 뒤늦게 알려졌다. 약자들의 선행이 밝혀지는 과정은 거의 우연에 가깝고, 대개 누구에게도 알려지지 않은 채로 지나가곤 한다.

소수자들은 자주 집단으로 묶인다. 약자의 악행도 이런 점에서 조명을 받는다. 특히 일탈 행동을 했을 때 개인으로 바라봐지기보다 그 집단의 이름으로, 약자라는 이름으로 더 자주 호명된다. 이런 뉴스들은 자칫하면 약자들에 대한 잘못된 스테레오 타입을 만드는 데 일조할 수도 있고, 구조를 짚지 못하면 소수자 집단의 윤리나 도덕성에 지나친 책임을 묻게 될 수도 있다.

바로 떠오르는 실패 사례는 탈북민과 관련된 뉴스다. 시작은 경찰의 보도 자료였다. 여러 보험에 가입해 보험 사기를 친 탈북민 일당을 검거했다는 내용이었다. 경찰은 기자 브리핑을 한 뒤 보험 사기에 가담한 사람들에게 인터뷰에 대한 협조를 받을 수 있다며 자신했고, 과연 탈북민 여럿이 인터뷰에 응해주었다. 기사의 취지를 설명했지만 얼굴과 이름을 그대로 공개해도 괜찮다며 적극적이었다.

그날 뉴스는 한국에 정착했지만 "생계에 어려움을 겪고 있는 탈북민들이 범죄의 유혹에 내몰리고 있다"고 방송되었다. 문제가 없었다고 생각하고 한숨 돌리던 차에 전화가 걸려왔다. 집에서 뉴스를 보고 있던 인터뷰 당사자였다. 그녀는 자신은 남한 생활에 익숙하지 않아 그저 보험에 여러 군데 가입해 돈을 받은 것뿐이고, 범죄자 취급하며 기사가 나올 줄은 몰랐다며 부르짖듯이 항의했다. 인터뷰를 하기 전에 기사가 어떤 식으로 나갈지 충분히 설명했다고 생각했기에 처음에는 얼떨떨했다. 하지만 한편으론 경찰이 "탈북민 보험 사기단을 검거했다"고 내놓은 보도 자료에서 출발한 기사는 어쩌면 시작부터 한쪽 눈을 감고 쓴 것이라는, 탈북민이 겪고 있는 구조적 어려움을 충분히 짚지 못한 게으른 접근이라는 생각이 들어 부끄러웠다.

법치주의 사회에서 소수자가 범죄를 저질렀을 때 매번 연민의 렌즈만으로 사건을 볼 순 없을 것이다. 까딱하면 범죄자에게 서사를 부여한다는 대중의 비난에 부딪힐 수도 있다. 그러나 소수자를 둘러싼 상황의 특수성과 모순, 한계에 조금이라도 더 주의를 기울일 수는 있지 않을까. 한 줌의 사람으로 그 집단을 대표하는 식의 기사를 쓰려면 적어도 어떠한 구조적인 맥락에서 왜 이런 일이 일어나고 있는지 더 큰 숲을 보려는 노력이 필요하다는 걸, 낯 뜨거운 실패에서 배웠다.

앞서 말했듯 특혜에서 배제된 집단으로 묘사되는 사회적 약자와 소수자들은 선한 일을 하는 경우에도 악한 일을 하는 경우에도 약자라는 맥락 안에서 조명받곤 한다. 약자의 선행을 바라볼 때는 그 사람이 속한 집단이나 계층의 특성만으로는 설명되지 않는 한 개인의 독특한 선함의 질감을 놓치지 않도록, 악행을 바라볼 때는 개인의 악함으로는 다 포착되지 않는, 그가 그런 선택을 하기까지 영향을 미친 사회적 요인과 모순에 고루 책임을 묻고 있는지를 점검해야 한다. 그렇지 않는다면 우리는 자꾸만 약자의 일을 저 멀리 타자화하며, 나와 관련 없는 남의 일로 간단히 치부해 버리는 인지적 게으름에 빠지게 될지도 모른다.

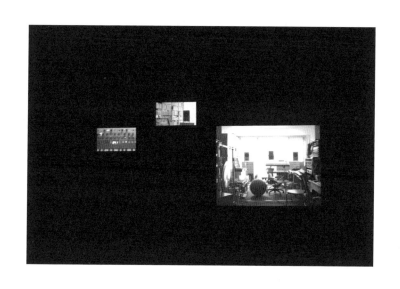

선행을 할 때도 악행을 할 때도
약자는 집단의 이름으로 소환된다.
우리의 렌즈는 사건을 제대로 바라보고 있는가.

나, 나의 가족, 나의 친구라는 테두리를 벗어나

우리의 우선순위를 생각하는 것.

알고리즘과 구독에 갇힌 나의 타임라인을 빠져나와

다른 삶의 존재를 알아채는 것.

나와 연관되지 않은 일 역시

중요할 수 있다는 사실을 인정하는 것.

우리가 알고리즘
밖으로 나올 수 있다면

✖

그들은 우리와 너무나도 닮았다.

크게 논란이 되었던 기사의 첫 문장이다.

누구의 입에서 나온 말인지 밝히기 전에 '그들'과 '우리'의 의미를 문맥 안에서 짚어보려고 한다. 그들이 누구인지, 우리가 누구인지는 아직 등장하지 않았다. 하지만 '너무나도'라는 부사로 수식되는 '닮았다'는 동사에 이르러 벌써 몇 가지 감정이 어슴푸레하게나마 전달된다.

닮았다는 말은 언뜻 가치중립적인 것 같지만 '나/우리와 닮은 누군가'는 조금 다른 이야기가 된다. 우리가 그들에게 꽤 우호적일 수 있다는, 혹은 적어도 그들에 대한 우리의 우호적인 시선이나 관심을 유도하는 글일 수 있다는 예측. 그들의 상황과 사정을 외면하거나 완전히 객관적으로 굴기는 어려울 수도 있다는 예감.

이 문장은 다니엘 해넌$^{Daniel Hannan}$ 전 영국 보수당 의원에게서 나왔다. 유럽 출신 백인 정치인인 그가 호명하는 '너무나도 닮은 그들'은 누구였을까. 바로 우크라이나인들이다.

우크라이나전이 갓 일어났을 무렵 해넌이 영국 신문 텔레그래프$^{The Telegraph}$에 쓴 글은 이렇게 시작한다.

> 그들은 우리와 너무나도 닮았다. 바로 그 점이 이 일을 이렇게나 충격적이게 한다. 우크라이나는 유럽 국가다. 넷플릭스를 보고 인스타그램을 하고, 자유선거에 투표하고, 검열받지 않은 신문을 읽는다. 전쟁은 더 이상 빈곤하고 외딴 곳에 사는 이들에게만 찾아오지 않는다. 전쟁은 누구에게나 일어날 수 있다.[26]

전략이라는 게 있었다면, 해넌의 전략은 '우리'의 연민을 응집하려는 것이었던 듯하다. 넷플릭스를 보고 인스타그램도 하고 이렇게나 '우리'와 닮은 사람들에게도 "빈곤하고 외딴 곳에 사는 이들"에게나 일어나는 전쟁이 벌어질 수 있다니 충격적이라는 말은 뱃속에서 갓 끄집어낸 듯 정직하게 날것이라, 순식간에 그가 규정한 우리라는 틀 밖에 있는 사람을 배제하고 탈락시킨다. 그가 말하는 '우리'의 바깥, 빈곤하고 외딴 곳이라 불린 유럽의 바깥에서는 생명의 안전이 위협받지 않는 게, 전쟁의 위험에 노출되지 않는 게 당연하지 않다는 식으로. 계급 차별과 제국주의 가장 안쪽에서 나온 말이다.

비슷한 시기 언론에 등장한 이런 부류의 발언은 그러나, 해넌의 것만이 아니다.

푸른 눈에 금발을 한 유럽인들이 매일같이 푸틴의 미사일에 죽어가는 걸 보면 울컥한다. _BBC, 우크라이나 관료

시리아인들에 대해 이야기하고 있는 게 아니다. …… 우리가 타는 차와 비슷해 보이는 차를 타고 목숨을 구하기 위해 도망가는 유럽인들에 대해서 이야기하고 있다. _프랑스 매체 BFM TV

우크라이나는 수십 년간 분쟁이 있어왔던 이라크나 아프가니스탄 같은 곳이 전혀 아니라, 그런 일이 일어날 거라고 예상하기 힘든 비교적 문명화되고 유럽적인 곳이다. _CBS, 국제뉴스 특파원

서구 언론이 우크라이나전에 대해서 비슷한 입장을 취하는 건 편견을 노출하는 단순한 실수가 아니라 내가 보기엔 다분히 의도적이며, 여러 맥락이 있다. 전쟁터는 폭력과 죽음과 비극이 도처에 널려있는 특수한 공간이다. 전쟁 보도는 인권과 평화를 기반으

로 한 저널리즘이라고 간단히 믿어지기도 하지만 개별의 보도와 언론사들의 관점을 살피면 그 안에서 부글거리는 이해관계의 날은 그렇게 순진하지 않을 때도 있다. 소속된 국가와 문화권의 정치적, 외교적, 경제적 이해관계에 따라 어떤 방향에서 어떤 방식으로 전쟁을 반대할 것인지가 결정된다. 전쟁터에 만연한 참상의 증언을 주워 가해와 피해의 서사를 만드는 일에는 숱한 관점과 의도와 무의식에 스민 계산이 개입되곤 한다.

'우리'와 닮은 것들을 옹호하고 보호하기 위해 '그들'을 간단히 반대쪽으로 밀어내는 이런 발언은 거의 당연하다 싶게 나빠 보인다. 인권에 대해 말하며 편견과 배타주의를 끄집어 쓰는 당혹스러운 모순 역시 마찬가지다. 이 실패 사례들을 모아 비난하는 건 꽤 쉽고, 단순하다. 그보다 복잡하지만 더 흥미로운 건, 닮음이라는 비유가 이상하리만큼 반복적으로 뉴스에 사용되는 이유와 이와 얽힌 연민의 작동 과정이다.

큰 틀에서 보자면, 전쟁에 대해 이야기할 때 언론사가 흔히 택하는 입장은 광범위한 의미에서의 반전反戰이다. 보도는 대개 전쟁의 극단적인 참상과 무고한 피해자들의 고통을 전하고, 시청자들의 공감과 연민을 이끌어내는 데 초점을 맞춘다. 즉 고통의 전달과 공감의 촉발이 목표다. 하지만 한 문장 안에 간단히 병렬할 수 있는 두 요소는 언제나 함께 성취 가능하지는 않다. 전쟁 이미지는 참상을 기록하고 알리지만, 동시에 보는 사람들로 하여금 자신이 고통의 바깥에서 지켜보고 있을 뿐이라는 거리감을 느끼게 한다.

있는 그대로를 객관적으로 전하고 수신자의 판단에 맡긴다는 저널리즘의 대원칙 너머, 시급하고 뜨거운 고통과 폭력을 현장에서 고스란히 목격하고 있는 기자와 시청자 사이의 물리적, 정서적 거리 또한 존재한다. 이럴 때 연민과 공감을 작동시키기 위해 언론사가 사용하는 방법은 비슷하다. 전쟁의 스펙터클을 보도의 재료로 하되, 지금 일어나고 있는 일이 수신자인 당신과 생각보다 얼마나 가까운지를 일깨워 주는 것이다. 닮음은 그 간극을 메우는 도구다.

독자의 쉬운 이해와 더 순조로운 공감을 위해 쓸 수 있는 수단은 거의 다 동원한다고 볼 수 있는 뉴스에서, 닮음이 등장하는 맥락은 이러하다. 바꿔 말하면 앞서 언급된 저널리즘의 실패 사례들은 놀랍게도, 어느 정도는 무관심을 비집고 잘 전달해 보고자 하는 마음에서 출발했을 수도 있다. 불행히도 '닮음-우리'는 거의 필연적으로 '닮지 않음-다름-그들'이라는 대조항을 소환한다. 우리의 평화와 행복을 엄호하기 위해 그들을 반대편으로 몰아낸다. 더러움과 추함, 폭력과 불행을 우리 바깥으로 쓸어낸다.

이런 비유에서 범박하게 묶이는 나/우리의 범주는, 주로 세계에 이미 존재하는 구분점인 인종, 계급, 국가, 지역, 세대, 성별 등을 모방해 선명성을 확보하는 경우가 잦다. 지금-여기-우리에 집중해야 하는 뉴스는, 색다르고 새로운 고통이라며 이목을 집중시키기 위해 과거-저기-그들과 대조하고 비교하는 전술을 쓴다. 소비자의 한정된 관심 자본을 당장 뉴스가 바라는 방법으로 소비할 그럴싸한 근거를 마련해 주기 위해서다.

그 과정에서 반대쪽에 있는 고통은 당연함의 영역에 생매장되곤 한다. 제1세계와 제3세계 등 국가의 위계를 자연스럽게 나누는 시대에는 이 과정이 더 스스럼없다. 자신과 닮은 백인 중심 유럽 국가에서 전쟁이 일어났다는 데 서구 언론들이 직관적으로 더 큰 충격을 느낀다는 건 거의 사실에 가까울 것이다. 그 속내는 비유를 찾아 헤매는 언론의 습관을 묻힌 뉴스 상품으로 포장되어 세상에 자꾸만 알려진다.

이 열없는 고백은, 비유의 바깥으로 밀려난 사람들을 불쾌하고 불편하게 만든다. 공감을 위해 닮음이라는 교두보를 찾아내려는 시도였다 한들 도리어 밀어내기와 배타성이라는 낭떠러지로 굴러떨어지는 이유고, 편견과 한계를 노출하며 자주 무너지는 까닭이다.

전쟁 보도만이 아니다. 정도의 차이는 있을지언정 많은 보도에 비유와 대조의 공식이 적용된다. 지난해, 지난달, 지난 분기와 비교하거나 다른 세대, 다른 성별, 다른 국가, 다른 지역, 다른 계급과 얼마나 비슷하고 얼마나 다른지 가늠한다. 패턴을 찾아 현상을 파악하려고 한다. 보도의 대상이 고통일 경우에는 특히 이해하기 쉬운 형태로 만들기 위해 거의 필수적이다 싶게 이러한 과정이 들어간다.

그중에서도 자주 불려나오는 기준은 역시 '나'다. 뉴스의 수신자가 귀를 기울이게 하기 위해서다. 고통의 당사자, 폭력의 피해자가 나일 수도 있었다는 구호는 매우 원초적인 불안을 건드리는 면이 있다. 한동안 유행했던 내러티브 기사 쓰기 역시, 사건이 아닌 인물을 중심으로 서사를 작성해 더 쉽게 이입할 수 있도록 만드는 기법이었다. 독자가 인물에 자신을 태운 채로 대리 체험을 해 결국 1인칭으로 마음을 포개도록 설계된 쓰기다.

고통을 이해하기 위해 나를 틀로 쓰자는 뉴스의 제안은, 얼마만큼 유효한 기획일까? 실제로 '나'의 고통은 뼈저리게 생생하다. 남의 고통보다 훨씬 더. 이따금 끔찍한 사건을 취재하고 난 뒤에 나나 가족이 피해자가 되어 같은 사건을 겪는 악몽을 꾸곤 했다. 그럴 때면 식은땀이 범벅이 된 채로 깨어나 몸서리를 쳤다. 취재를 하며 피해자의 말을 듣고 이해하려던 순간보다 꿈에서 스스로 피해자가 된 순간이 훨씬 고통스럽게 여겨졌다는 점이 끔찍했다. 가짜 고통, 가짜 겪음일지라도 내 몸을 통과하니 진짜보다 더 진짜처럼 여겨진다는 게 괴물 같았다.

뉴스의 문법은 상당 부분 양적 효율을 바라보고 세워진다. 더 많은 연민을 이끌어내고, 사람들이 뉴스를 보는 데 그치지 않고 변화를 위해 행동해 주기를 소망한다. 실제로 이와 같은 접근은 널리 효과적이라고 받아들여져 많은 뉴스룸에 차용된다. 그러나 특정한 사건에 공감과 연민이라는 감정을 품고 반응하는 행위는, 고통의 질서를 때로는 그저 흐트러뜨린다.

《공감의 배신》에서 폴 블룸Paul Bloom이 이야기했듯, "공감은 형편없는 도덕 지침"이다. 그의 말에 따르면 "공감은 지금 여기 있는 특정 인물에게만 초점이 맞춰진 스포트라이트"와도 같아서 "그 사람들에게 더 마음을 쓰게 하지만, 그런 행동이 야기하는 장기적 결과에는 둔감해지게 하고, 우리가 공감하지 않거나 공감할 수 없는 사람들의 고통은 보지 못하게 한다".

페이스북을 만든 메타 최고 경영자 마크 저커버그Mark Zuckerberg는 "누군가에게는 아프리카에서 죽어가는 사람들보다 당장 자기 집 앞에서 죽어가는 다람쥐가 더 큰 관심사일 수 있다"고 말한 적이 있다. 자신이 만든 소셜미디어 서비스의 작용 원리를 설명하려는 비유인데, 이 발언은 개인이 연민을 느끼는 방식을 간명하게 압축하고 있기도 하다.

더구나 개인의 프로필을 중심으로 한 소셜미디어를 주축으로 뉴스의 소비가 극도로 개인화되고 에코 체임버echo chamber 효과(폐쇄된 환경에서 유사한 의견을 가진 사람끼리 소통하며 기존의 신념을 증폭하거나 강화하는 현상)에 갇히게 된 시대다. 나에게 심리적으로 또 물리적으로 와닿지 않는 뉴스는 점차 존재하지 않는 뉴스나 마찬가

고통을 겪어 마땅한 사람은 없다.
하지만 우리는 나와의 관련성을 매개해야만
공감과 연민에 가까스로 접속하곤 한다.

지가 되어가고 있다. 뒤집어 말하면, 나에게 '신경 쓰이는' 뉴스만이 가장 중요한 뉴스가 되는 것이다.

이러한 동향은 뉴스의 생산자이자 과다 소비자이기도 한 기자들에게도 매우 복잡미묘한 방식으로 영향을 미치고 있다. 사람들에게 친밀한 뉴스를 만들기 위해 노력하는 동시에, 기자들 역시 자신과 닮은 뉴스에 이끌린다. 그리고 여기에서, 뉴스 가치에 대한 교란이 일어나기도 한다.

그 메시지 알림은 새벽에 왔다. 상당수가 현직 기자인 저널리즘 대학원생들과 교수진 모두에게 보낸 글은 분노로 가득 차있었다. 우크라이나전이 일어난 지 일주일이 채 되지 않았던 시점에 발송된 이 메시지는 기나긴 캠퍼스 논쟁의 도화선이 됐다.

발신인은 우크라이나전에 관해 열린 긴급 강의에 우르르 몰려가 자리를 가득 채운 학생들이, 비슷한 시간에 열린 교내 흑인 공동체의 세션은 외면했다며 깊은 실망감을 드러냈다. 흑인 학생들이 겪고 있는 일상적 차별에 대해서 깊고 내밀한 이야기를 나눌 수 있도록 마련된 자리였지만, "그다지도 정의를 부르짖는 저널리스트들이 유럽에서 일어난 전쟁에는 그토록 관심을 보이면서 정작 '당신 바로 곁에서 살아 숨 쉬는' 일상적 고통에서는 고개를 돌린 셈"이라고 맹비난했다.

여론은 당장 둘로 나뉘었다. 한쪽은 뉴스 가치와 뉴스의 사이클을 이야기했다. 방금 발발한 전쟁의 시급성을 고려할 때 당연히 그쪽에 관심이 쏠릴 수밖에 없다는 것이었다. 게다가 그 전쟁터에 실제로 친척과 친구들이 있는 사람들도 많을 테니 '바로 옆의 고통'이 무엇인지를 쉽게 판별할 수 없다는 점을 지적했다. 다른 쪽은 더 위급한 뉴스에 흑인들의 인권이 뒤로 밀리고 침묵당한 건 오래된 패턴이며, 무엇이 시급히 다뤄져야 하는 일인지에 대한 기존의 관점이 오히려 고쳐져야 한다고 반박했다.

무엇이 더 중요한 고통인가를 고르라는 시험대가 펼쳐진 것처럼 한동안 교정 안팎에서, 온라인과 오프라인에서 난상토론이 벌어졌다. 이 논쟁은 공동체를 둘로, 셋으로 쪼갰고, 우리는 이 사건을 봉합하는 데 결국 실패했다. 공동체가 쪼개진 방향은 구성원들의 출신 국가와 소속 문화권, 인종과 계급이라는 요소로 이미 획정된 구조와 무관하지 않았다. 사람들은 어떤 면에서건 나와 닮은 것, 자신이 공명할 수 있는 것을 대개 지지했다. 그러니까, 각자의 '입장'이 있었다.

논쟁의 과정에서는 숫자나 통계가 객관이라는 이름을 입고 주관을 뒷받침하는 일들이 연달아 일어났다. 나와 닮은 이들이 "너는 우리 편이니까"라며 연민을 강요하기도 했다. 모두 실제 뉴스룸에서도 종종 겪어온 일이라 기시감이 들었다. 세상은 어쩌면 끝없는 편파와 편파의 집합체로 구성되어 있고, 그중에 조금 더 설득력 있는 논리 구조를 세워 더 많은 연민을 끌어모으는 사람이 이기는 투쟁의 현장인지도 몰랐다.

이 논쟁 안에서 나는 충분히 선명하지 못했다는 사실 때문에 괴로웠다. 꽤 오랜 시간 기자로 훈련해 온 감각은 긴급하게 타전되어 오는 전쟁 뉴스 쪽으로 주의를 가져가게 했다. 그러나 항의의 내용을 본 순간 유색인 구성원으로서, 다른 유색인의 고통을 미처 돌아보지 못했다는 죄책감에 붙들렸다. 미디어가 환히 비추는 스포트라이트 쪽으로 달려가며 다른 고통을 방기한 것 아니냐는, 좀처럼 떨어지지 않는 의문이 들었다.

어쩌면 우크라이나 전쟁은 국경을 넘어 다른 대륙에서 일어나기에 충분히 거리를 유지하고 인권과 평화 이슈로만 볼 수 있어서, 작은 관심만으로 큰 윤리적 만족감을 느낄 수 있기에 더 신경쓴 것이 아닌가 하는 자기 검열이 슬그머니 올라오기도 했다. 그러다가도 나와 더 닮은 고통을 들여다보기 위해 전쟁의 고통을 내버려두는 게 맞냐는 질문 앞에서는 막다른 길에 온 듯 멈춰서게 되었다. 나는 미국 안의 유색인 기자였고, 국제 유학생이었다. 닮음은 반대 방향으로 작용했다. 윤리적으로 가장 안전해 보이는 답변은 "모든 고통이 중요하고, 골고루 신경을 써야 한다"는 것이었지만, 이건 동시에 지적으로 게으르고 무책임하며, 심지어 비겁하게, 현실적으로 가능하지 않게 들리기도 했다.

하나의 공감이 다른 공감을 밀어내지 않는 일이 지나친 이상주의 바깥에서도 과연 가능할까. 고통과 고통이 각축전을 벌이는 뉴스 가치의 전쟁터 안에서, 윤리적 논쟁에만 묶여 옴짝달싹 못 하지 않고도?

'나'와 '닮음'은 그 직관성 때문에 오늘도 여전히 뉴스룸의 오래된 연장으로 쓰인다. 그러나 자주 무뎌지곤 하는 이 장비가 과연 사람들에게 유용하게, 또 유효하게 쓰이고 있는지는 곱씹어 볼 문제다. 사진과 영상이라는 매체를 포함하는 저널리즘의 스토리텔링은 인칭 흐리기로 시청자의 연민을 해킹하려 한다. 보고 듣고 읽을 수 있는 소식들은 경계를 뚫고 자신의 자리를 넘어 1인칭까지 침투하려고 준비 중이다.

그러나 나와 닮은 것들에 대한 연민은, 자꾸만 나에게로, 나라는 좁은 둘레로, 가족으로, 우리 민족으로, 우리 인종으로, 우리 계층으로, 우리나라라는 비좁은 단위로 파고들어 그 바깥을 바라볼 수 없도록 우리의 이성을 빨아들이고 있는 건 아닐까? 우리가 생산하는 뉴스, 그리고 우리에게 도달하는 뉴스는 나/우리의 테두리를 벗어난 것일 수 있을까?

나와 닮은 것에 대한 연민을 자극하고 발휘하는 것만으로 우리가 세상에 충분한 변화를 일으킬 수 있을까? 닮은 것에 대한 반응은 나쁜가? 그게 피와 살과 뼈로 이루어져 무리 생활을 해나가는 인간이 할 수 있는 거의 유일한 일이라면? 아무것도 하지 않는 것보다는 분명히 낫지 않은가? 무엇에서 촉발되었건 불완전한 사회가 대중적 감정이 뿜어내는 힘을 기반으로 무거운 몸을 조금씩 들썩이며 어디론가 가게 된다면 어쨌든 괜찮은 걸까? 약간 비뚤어진 듯하면서도 타인에게 공명하는 감정이기에 이타적인 구석이 있는, 각자와 닮은 것에 한정된 연민을 연료로 우리가 어디까지 갈 수 있는지 재어본다.

개인을 잠시 내려두고 보편이라는 관점을 택하는, 그리고 닮음이라는 틀에서 훌쩍 벗어나 저 멀리의 타인을 바라보는 시선을 상상한다. 나 이상의 테두리를 감각하고, 나의 가족이나 친구보다 더욱 큰 사회가 있음을 인지하고, 지구 공동체 안의 시민으로서, 인류의 일부로서 어떤 고통과 어떤 뉴스를 더 큰 '우리'의 우선순위로 놓고 해결해 나가야 할지 고민하는 것.

알고리즘과 구독에 갇힌 나의 타임라인 밖으로 빠져나와 다른 삶의 존재를 알아채는 것. 모든 연민에 '나에게 이런 일이 일어난다면'을 매달지 않고, 무슨 일이 일어나고 있는지 그대로를 아는 것. '나'를 중심으로 뉴스를 떠먹이려는 뉴스의 매개자들이 의도치 않게 왜곡하고 있을지도 모를, 나와 연관되지 않은 일 역시 중요할 수 있다는 사실을 인정하는 것.

인류의 상상력과 지성을 믿어본다면, 오늘날 여전히 뉴스를 보는 사람들은 뉴스를 통해 세계와 타인을 배우고 싶어 하는 호기심과 욕망을 갖춘, 퍽 유연한 공동체다. 뉴스를 보는 일이 행동으로 반드시 변환되지는 않지만, 행동에 대한 가능성 역시 이 공동체 안에 있다.

어쩌면 오늘날의 뉴스를 만드는 사람들에게 더 필요한 건, 나와 닮지 않은 것들, 나와 전혀 닮지 않은 것들을 향한, 닮음을 넘어 다름과 접속하는 공감이 가능하다는 믿음 아닐까. 자신의 자리로 끌어와서 비슷한지 아닌지 재보고 맞춰보는, 다가와 주길 기다리는 공감을 넘어 온 마음으로 다른 사람의 자리로 다가서는 공감 역시 가능하다는 믿음. 자기와 남을 포갤 때 생기는 낙차는 그 믿음을 끝까지 밀어붙일 때에야 줄어들기 시작할 것이다.

시인이자 활동가였던 오드리 로드Audre Lorde는 "내 말 좀 들어 달라고 울부짖는 곳에서, 우리는 이들의 언어를 적극적으로 찾아내 함께 읽고 서로 나누며, 그 말이 우리 삶과 어떤 관련이 있는지 살펴야 할 책임이 있습니다"고 말했다.[27] 이 문장의 주어는 '여성들'이었지만, 어떠한 다른 고통받는 타인으로 바꾼다 해도 그 의미는 통할 것이며, '우리 삶과의 관련'은 닮음이라는 단순한 공통점 너머에도 분명 존재할 수 있을 것이다.

트리거 워닝:
눈길을 사로잡거나 돌리게 하거나

✖

묵은 때와 먼지가 낀 낡은 간판이 가득한 캘리포니아주 오클랜드 차이나 타운은 고요했다. 딤섬 찌는 냄새가 여기저기서 날 법도 했지만 소음만큼이나 냄새도 그 존재감을 죽이고 있었다. 가게 대부분이 문을 닫고 문 위로 이중, 삼중 펜스를 치고 자물쇠까지 걸어둔 채였다. 오후 4시가 채 지나지 않은 시간이었다. 아직 닫지 않은 가게들도 상점 앞에 널린 좌판을 허둥지둥 접고 있었고, 한 골동품 상점 주인은 가게를 정리하면서도 우리에게서 경계의 눈초리를 거두지 못하고 있었다. 상인들이 사비를 털어 고용한 경비원들이 제복 차림으로 거리를 어슬렁댔다. 장을 보러 나왔던 아시아계 노인들도 작은 보퉁이가 담긴 수레를 끌며 서둘러 집으로 돌아가고 있었다.

그들 중 누구에게라도 말을 붙여보려 하면 두려움과 혼란스러움이 느껴지는 중국어로 소리를 지르거나 방어적인 눈빛으로 고개를 내두르며 종종걸음 치기 일쑤였다. 그들이 황급히 닫는 문틈을 통해 각자의 집으로 올라가는 비좁은 계단이 보일 뿐이었다. 카메라를 든 손이 열없어졌다. 거리를 오가는 사람들을 촬영하는 건 불법이 아니었지만 제대로 허락이라도 받아볼까 하고 말을 붙인 터였다.

2021년 초, 미국에서 아시아계를 대상으로 한 증오범죄가 가시화됐다. 코로나19의 발원지로 중국 우한이 거론되며 아시아인에 대한 물리적 폭력과 강도 행각이 늘어나고 있었다. 저항할 힘이 상대적으로 적고, 주로 현금을 들고 다니는 아시아계 이민자 노인들은 쉬운 표적이었다. 영어가 서투르니 신고를 포기하는 경우가 많다는 점 또한 범죄 대상이 되는 원인 중 하나라는 분석도 나왔다.

매체들은 범죄 신고 통계에 기대어 팬데믹이 시작된 2020년 이후 아시안 증오범죄가 늘고 있다고 주장했다. 폭발적으로 늘어난 건수라고는 하지만 이민자들의 언어적, 사회경제적 한계를 고려하면 실제 피해 사례는 신고 건수를 훨씬 웃돌 것이라는 추측이 지배적이었다. 소수자로서의 정체성이 굳어지면 주장해야 할 권리의 범위 역시 주류의 등쌀에 짓눌린 채 인식하게 되곤 한다.

그런 흐름 속에 손주를 봐주러 딸 집에 와있던 태국 출신 80대 남성이 아침 산책 도중에 무차별 폭행으로 숨졌고, 차이나 타운에서 90대 남성이 공격당했으며 70대 여성이 강도를 당한 뒤 바닥에 팽개쳐졌다. '흑인의 생명은 소중하다Black Lives Matter' 시위로 인종차별 문제에 관심이 쏠리던 시기인데다 팬데믹과도 연관된 이슈라는 데 힘입어 주류 언론에서 그다지 주목받지 못했던 아시아인 인종차별 의제가 전례 없이 빠르게 퍼져나갔다.

뉴스룸의 휘발적 관심은 한 장소를 파괴적으로 휩쓸고 지나가는 태풍 같은 구석이 있어서, 피해자가 속출했던 오클랜드 차이나타운에는 며칠 새 CNN과 ABC를 비롯한 주요 매체가 앞다투어 들이닥쳤다. 주어진 관심을 정치의 동력으로 맞바꿔 인권과 권리를 신장하려 하는 활동가들은 이런 움직임을 반겼지만, 차이나 타운 주민들은 미디어의 다급하고 공격적인 관심을 어느 정도 지겨워하고 있었다.

차이나 타운을 촬영하고 피해자를 만나 인터뷰해야 하는 입장에서는 난관이었다. 아직 피해자를 찾아내지 못한 상황에서 거리를 오가는 이민자들의 뒷모습을 담은 영상은 일종의 '밑그림'인 셈이었다. 흉흉한 분위기에 카메라를 반기는 사람은 그다지 없었다. 카메라를 보고 깜짝 놀라 가던 길을 돌아가는 사람도 있었다. 상당한 거리를 두고 찍고는 있었지만 나 역시 카메라를 든 습격자에 불과할 수 있다는 생각에 마음이 불편해졌다.

계속해서 시도한 끝에 간신히 중국계 미국인 대학생인 J와 대화할 수 있었다. J는 아버지와 함께 금은방의 문을 닫고 있었다. 말을 걸자 어깨까지 오는 단정한 검은 머리카락을 쓸어올리며 돌아보았다. 금은방을 운영하는 이민자 부모가 걱정돼 잠시 집으로 돌아와 가게 일을 돕고 있다는 J는 차이나 타운 한복판에서 카메라와 삼각대를 든 채 길 잃은 표정을 하고 있는 우리에게 피해자를 찾기가 쉽지 않을 거라고 넌지시 알려주었다. "사람들이 아마 인터뷰를 하지 않으려고 할 거예요. 혹시 모를 보복이 두렵기도 하고 아직 상처도 낫지 않은 상태니까요."

쇠사슬을 칭칭 걸어 가게 문을 잠그고 자물쇠 위에 자물쇠를 한 번 더 채우는 아버지를 지켜보며 J는, "아직까지 우리 가족에겐 아무 일도 없었지만 그런 뉴스를 자꾸만 보고 있자면 나이 든 부모님이 혹시라도 증오범죄의 피해자가 될까 그게 제일 걱정돼요"라고 덧붙였다.

J의 가족이 자물쇠를 단단히 채우고 떠난 뒤, 우리는 다시 피해자를 찾아 헤맸다. 드물게 문을 연 가게마다 문을 두드리며 혹시 증오범죄 피해자를 아는지 물었다. 길을 걷는 사람들에게도 무작위로 말을 걸었다. 길바닥을 뒤져가며 누군가를 찾는 저인망식 취재가 가장 효율적이거나 가장 현명한 방법은 아니었지만, 때론 어쩔 수 없는 상황도 있다. 미국에 온 지 1년이 채 안 된 두 외국인 기자에게 차이나 타운은 생소한 동네였고, 그나마 우릴 도와줄 수

있는 커뮤니티 관계자들 역시 피해자가 인터뷰를 수락하도록 설득하는 데 애를 먹고 있으니 바닥부터 뒤지는 수밖에 없었다.

파괴된 곳을 헤집고 돌아다니며 증거를 캐는 건 내가 늘 직업의 일부로 받아들이고 심상하게 해낼 수 있는 일이었다. 차이나타운은 퍽 아담한 동네였고 가게를 하나하나 뒤지다 보면 피해자 찾기에도 언젠가 끝이 있을 것 같았다.

사건이 벌어졌다고 해서, 혹은 언론의 관심이 집중되는 문제라고 해서 섭외가 수월해지는 건 아니다. 섭외의 난이도는 피해자의 의지에 달려있다. 피해를 입은 사람이 주체적으로 카메라 앞에 서길 원한다면, 게다가 실명과 얼굴을 그대로 공개하길 원한다면, 제작하는 사람 입장에서는 섭외하기 쉬워진다. 피해자가 뱉어내는 고통의 언어를 녹음하고, 물리적인 상처가 남아있다면 세세히 찍는다. 그들에게 물리적, 정신적으로 폭력을 행사한 사람이나 기관, 물질이나 환경이 있는지 묻고 여건에 따라 영상으로 촬영한다.

피해자의 연락처를 뒤지고 다니는 건 그렇지 못한, 그러니까 대부분의 경우에 해당했다. 피해를 입었다는 개인의 호소보다 이슈에 대한 사회적 관심이 더 클 때 기자들은, 거꾸로 문제에 꼭 맞는 케이스를 찾아나선다.

소득도 없이 한참 거리를 쏘다니고 있는데 차이나 타운 상공회의소 회장에게서 짧은 메시지가 도착했다. 피해자 두어 명과 연락이 닿았는데 인터뷰를 꺼리고 있어서 설득을 마치는 대로 연결해 주겠다는 내용이었다.

피해자가 스스로 언론 앞에 나서지 않을 때 그들을 찾아내고 설득해서 카메라 앞에 세우는 건 기자의 능력으로 받아들여지고는 한다. 설득의 논리와 층위, 즉 어디까지를 설득의 재료에 포함하는지에 대해서 말하자면, 나의 경우 대부분의 상황에 가능한 수단을 최대한 동원해 피해자에게 접근하는 쪽이다. 반사적일 정도로 논리를 쉽게 만들어내지만 그런 능란함이 꼭 자기효능감으로 이어지지는 않는다. 섭외에 성공했을 때 솟아오르는 성취감을 부인할 수는 없겠지만, 내켜하지 않는 사람을 카메라 앞으로 이끌어내며 마음 한구석에 일어나는 가책을 지우는 데는 번번이 실패하는 쪽이기도 하다.

걸려 넘어지는 부분은 늘 비슷한 지점이다. 우리는 사회 변화의 수단으로 고통을 전시하고, 그 전시를 위해 피해자를 설득할 때가 있다. 어떤 이슈에 대해서 이야기하는 일, 제대로 조명받지 못했던 이슈에 스포트라이트를 비추는 일 자체는 더 나은 사회를 만드는 데 도움이 될지 모르지만, 이를 위해 개인인 피해자들이 맡아야 하는 역할에 의심이 드는 것이다. 피해자가 자신의 피해 사실을 공적 담론장 안으로 가져오고 여러 매체 앞에서 비슷한 말을 증언하는 노동을 반복적으로 수행하며 지쳐가는 일이 대체로 '더 나은 사회를 만들어야 한다'는 거대한 논리 속에서 지나치게 쉽게 합리화되는 것 아니냐는 의혹을 떨쳐내기 어려워서다.

피해자들이 카메라 앞으로 불려나오는 과정에는 언론인이나 활동가, 정치인과 같이 공동체 사회가 나아가고자 하는 방향에 관심을 가진 사람들이 개입되곤 한다. 기자들은 고통의 전시가 유의미하다고 믿는 사람들과 연합해 피해자들을 카메라나 지면 앞에 불러낸다. 기자들은 이 과정에서 재현의 수위에 대해, 그러니까 디테일을 어디까지 공개해도 되는지, 이름을 밝혀도 되는지, 얼굴을 내보여도 괜찮은지까지를 단계적으로 피해자에게 묻게 된다. 피해자들의 이름과 얼굴을 내보여야 사람들이 증언을 더 믿고 마음이 움직인다는 오랜 현장의 원칙을 의식한 작업이기도 하다. 그 모든 과정이 누구를 위한 것이냐는 질문에 대한 답에 정작 피해자 본인이 포함되지 못한 채 빠져나가는 것만 같다면 지나친 생각일까.

기자들은 번번이 피해자들의 선의라는 연약한 조건에 기대어 개인이라는 작은 이야기를 시청자나 독자가 감정이입하거나 소화하기 쉬운 상태로 조리해 내는 데 간신히 성공한다. 그 결과가 매끈할수록 뉴스의 파괴력이 높아지고, 사회의 오류를 밝히거나 변화를 만들어내는 데 효과적일 거라고 미디어 업계 종사자들은 자주 믿는다.

몇 시간을 더 기다린 끝에 한 피해자로부터 오케이 사인이 떨어졌다는 메시지가 도착했다. 메시지에 적힌 주소를 따라 도착한 피해자의 가게는 차이나 타운 중심가에 있었다. 국적을 꼬집기 어려운 아시아풍의 기념품과 면봉부터 라이터까지 다양한 생활용품을 파는 곳이었다.

문이 열리자 붉은 간판 아래 종이로 만든 화려한 홍등이 달랑거렸다. 문을 열고 나온 피해자는 건장한 중년 남성이었다. 얼굴의 대부분을 가린 마스크 밖으로 노기가 형형한 눈빛이 새어나왔다. 며칠 전 자신의 가족들에게 일어난 총기 강도 사건, 범인들이 아시아인에게 보인 적개심과 공격성에 충격을 지우지 못한 듯했다. 나의 카메라는 전형적인 아시아인의 골격을 가진 그의 얼굴과 검은 머리칼, 분노한 눈빛, 사건이 일어난 가게 앞을 훑었다. 사건 당시 범인들이 차량을 거칠게 들이밀며 그와 그의 아내를 위협하는 순간이 담긴 CCTV 영상도 얻어냈다. 이 영상은 그가 피해 장면을 묘사하는 인터뷰가 나올 때 배경으로 깔릴 것이었다.

촬영을 마친 우리는 가편집본을 만들었다. 상징적인 사건이었던 노인 무차별 폭행치사 사건의 CCTV 영상과 취재를 통해 새로 확보한 CCTV 영상, 피해자의 인터뷰와 차이나 타운의 전경을 부분 부분 섞어 편집한 영상이었다. 수업을 같이 듣는 학생들과 교수들 앞에 영상을 공개한 뒤 이어진 크리틱에서 가장 논쟁적이었던 부분은 이미 많이 유포된 피해 영상을 다시 보여주는 게 비윤리적이라는 몇몇 학생의 지적이었다.

그들은 미디어에서 반복적으로 노출되고 있는 이 영상을 계속해서 보는 일이 끔찍하다고 했고, 우리가 이 주제에 대해서 이야기하기 위해 범행 피해 영상을 사용하는 일이 불필요하다고 말했다. 그런 비판에 맞서, 우리가 이 영상들을 보여주기를 포기하는 일은 소외되어 왔던 이슈를 조명하려는 노력을 해치는 일이라는 주장도 당장 따라붙었다.

실제로 아시아인 증오범죄의 순간은 뉴스 미디어뿐만 아니라 트위터, 인스타그램과 틱톡을 통해 끊임없이 재생되는 중이었다. 고통의 당사자라도 된 듯 통증마저 유발하는 영상을 본 사람들은 무언가를 해야 한다는 도덕적 의무감을 느꼈고, 리트윗을 해 영상을 더 많은 사람에게 보여주거나 해시태그를 다는 일로 욕구를 얼마간 해소하고 있었다.

결과적으로 소수자가 끔찍하게 폭행당하는 영상은 스스로 생명력을 얻은 듯 폭발적으로 공유됐다. 영상에 포함된 장면이나 소재가 보는 사람에게 트라우마를 일으킬 수 있다며 트리거 워닝 trigger warning이 적혀있는 게 무의미하게 느껴지기도 했다. 경고 사인은 때로 강한 자극을 줄 수 있는 콘텐츠라는 약속에 불과한 것처럼 읽히기도 했다.

이와 같은 영상에는 수신인들을 결집하는 힘이 있었다. 영상의 공개에서 시작되어 재생산을 거쳐 이에 대한 논평으로 이어지는 영상의 생애주기에 제일 적극적으로 참여하는 사람들은 주로 피해자에게 쉽사리 자신을 포개어 볼 수 있는 정체성을 가진 사람들이었다. 그렇기에 때론 아주 좁은 그룹 안에서, 소비하길 원

유포되고 공유된 고통에 언어를 만들어주는 것은
기꺼이 카메라 앞으로 불려나온 피해자를 위한
모두의 책임이다.

하는 사람들끼리만 영상을 끊임없이 돌려보고 있는 것처럼 느껴지기도 했다. 암울한 정보를 계속해서 검색하게 되는 둠스크롤링 doomscrolling 몇 번이면, 짓밟히거나 얻어맞아 쓰러지고 피를 흘리는 피해자의 모습을 과다 소비하게 되기 일쑤였다.

흥미로운 부분은 아시아계 미국인 기자들의 움직임이었다. 몇 몇 기자들의 트위터 계정은 한시적으로 아시아인 증오범죄 대책본부처럼 돌아갔다. 증오범죄 피해 영상을 공유하고 수집해 긁어 모아둔 그들의 타임라인에는 누군가에게 걸어채고 구타당하고 습격당하는 아시아인의 모습이 전시되어 있었다. 그 전시에 그들 스스로가 경험한 인종차별에 대한 일화 역시 섞여 들어갔다.

그들은 증오로 인한 폭행을 포착한 영상 안에서 매우 익숙한 인종차별을 다시 발견한 것 같았고, 그 때문에 고통받는 피해 당사자들에게 의심 없이 감정을 포개는 것처럼 보이기도 했다. 그들은 고통을 확신했고 증언했으며 변화의 물결 안에 이 '고통 보여주기'가 어떠한 역할이라도 수행할 수 있다면 기꺼이 메신저를 자처하겠다는 식이었다. '증오범죄'가 실제로 증오에 기반한 것인지, 그저 무차별 범죄에서 우연히 피해자의 인종이 아시아인이었던 것인지에 대해서는 자주 공격에 가까운 갑론을박이 따라붙고는 했다. 이러한 현상만 보아도, 인종차별적인 사회 구조를 피부로 체감하며 살아온 아시아계 기자들이 이 이슈에 각별히 집중했던 것이 단순히 집단 피해의식이나 이해관계 때문만은 아니었을 것이라고 믿는다.

그날 수업에서 영상을 보여주어야 하는지 보여주지 말아야 하는지를 두고 달아올랐던 논쟁 끝에는 이런 질문들이 남았다. 고통을 언제 보여줘야 하고 언제 보여주지 말아야 하는가? 우리는 어떤 고통에서 눈을 떼지 말아야 하고 응시를 참아내야 하는가? 고통을 얼마나 보여주고, 또 가려야 하는가? 보여주기의 윤리와 보여주지 않기의 윤리는 누구를 지키는 것이며 누구를 위한, 향한 것인가?

일레인 스캐리Elaine Scarry는 《고통받는 몸》에서 "때로 고통을 겪는 당사자가 아니라 그를 대신해 말하는 사람들이 고통의 언어를 만들어내곤 한다"고 말했다. 피해자의 고통을 보도록 하는 일이, 세상의 눈에 띄는 고통을 반복하고 늘리는 데 그치지 않도록 하려면 당사자를 대신해 말하는 사람들의 고통의 언어는 어떻게 쓰여야 할까.

나는 보여주기를 옹호한 쪽이었고, 마지막 편집본에 결국 그 영상을 넣었다. 반복적으로 고통을 지켜보는 일이 고통스러운 건 당연하지만, 한 이야기를 생산해 낼 때 시청자가 그 영상에 어느 정도 노출된 사람인지 가늠하는 일이 늘 가능하지는 않았기 때문이었다. 고통을 보는 사람들의 고통보다도, 그 영상 안에 담긴 선연한 고통을 외면하는 일이 더 어려워서였다. 한 영상을 보여주지 않는 일, 고통을 겪는 사람보다 보는 사람의 불편감부터 배려하는 일이 윤리적으로 반드시 게으른 결정이라고는 생각하지 않았지만, 영상을 보여주지 않기로 결정하는 이유가 향하는 주어가 마음에 걸려서였다.

그러나, 겪는 고통이 아닌 이상 보는 고통 정도는 감내할 수 있지 않냐는 나의 결정은 고통을 보여주는 일에 따라붙는 도덕적 타당성이라는 관성에 기댄 것은 아니었을까? 이 결정은 아시아인이라는 나의 정체성에서 얼마나 분리될 수 있는 것이었을까? 흑인 남성인 조지 플로이드George Floyd가 경찰관의 손에 목이 눌려 죽어가는 모습을 기록한 스마트폰 영상으로 촉발된 인종차별 반대 운동은 사회 구조 안에 감춰져 있던 소수 인종의 '고통 보여주기'를 드라마틱하게 시연하는 과정을 거쳐 완성되었다. 그렇기에 동양인 기자로서 그 흐름을 타고 사회를 변화시키는 과정에 참여하고 싶은 욕망이 있었던 것일지도 모른다는 생각도 들었다.

CCTV를 확보해 중요한 지점에 붉은 마크를 하며 시청자들이 고통의 핵심을 놓치지 않도록 돕는 게 기본인 한국 뉴스룸에서 훈련을 거친 사람에겐 이러한 논쟁 자체가 낯선 것이었기에, 결정의 주변을 맴도는 이물감이 내 안에서 한동안 버스럭댔다.

고통의 현지화가
필요할 때

✖

홍콩 시위에 대한 짧은 르포르타주를 쓰겠다는 발제는 누구도 내게 의뢰한 적이 없는 기사였지만, 상관없었다. 홍콩을 취재할 수 있다면, 누가 보내주지 않아도 가야 했다. 한밤중에 충동적으로 항공사 사이트에 접속해 티켓을 사는 마음, 빽빽이 들어찬 빌딩 숲으로 반짝이는 자본주의를 전시하고 있는 홍콩섬을 비행기에서 내려다보는 마음, 홍콩국제공항 안에서 대충 허기를 채우려고 눈앞에 보이는 음식점에 들어가 앉는 마음, 몽콕 시내 한복판으로 들어가는 홍콩 지하철인 MTR 안에서 뺨을 창에 기대고 구석구석 불타고 부서진 도시를 보는 마음, 비좁은 호텔 방에 아무렇게나 짐 가방을 내던지는 마음 안에는 다양한 성분의 감정이 들끓었지만 공통적으로, 죄책감이 자리하고 있었다.

호텔 침대에 던져둔 보스턴백 안에서 펜과 기자 수첩을 꺼내려
고 지퍼를 열자, 미리 넣어온 플라스틱 안전모와 보안경이 손등뼈
에 부딪혀 왔다. 프레스라고 적힌 형광색 안전조끼도 가방 속에
잘 개켜진 채였다. 시위를 취재하던 인도네시아 기자가 한쪽 눈에
홍콩 경찰이 쏜 고무탄을 맞고 실명했다는 기사는 익히 읽었다.
안전 장비들을 보자 심란해졌다.

국제부에 출입한 적도 없고, 심지어 다니던 방송사를 휴직 중
인데도 스스로를 여기로 이끈 게 황당하기도 했다. 쓰겠다는 기사
를 실어줄 수 있다는 잡지에 아무래도 홍콩에 직접 가야겠다고 통
보하고 곧장 비행기에 탔다. 아무도 기사를 쓰라고 하지 않았는데
혼자 열불을 내는 것만 같아 멋쩍은 데가 있는 셀프 출장이었다.
어쨌건 J와 약속한 시간이 다가오고 있었다.

J는 수소문하여 소개받은 홍콩인이었다. 다른 곳보다 호텔 방
이 상대적으로 안전할 테니 내가 도착하는 시간에 맞춰 호텔로 오
겠다고 그녀는 메시지를 보냈다. 중국과 홍콩 정부의 감시를 피하
기 위해 모든 메시지는 텔레그램으로만 주고받았다. J뿐 아니라
시위와 조금이라도 관련이 있는 사람이라면 대체로 비밀 대화가
가능한 텔레그램으로만 이야기할 수 있었다.

호텔 로비로 나갔을 때, 한 번도 만난 적이 없었지만 J를 단숨에
알아볼 수 있었다. 그녀가 휙 밀고 들어온 회전문 사이로 우중충

한 홍콩의 1월 하늘이 힐끗 보였다. J는 단단함이 느껴지는 눈빛으로 앞을 똑바로 보며, 아주 빠르게 걸었다. 앙상하게 마른 몸을 검은 옷으로 감싼 그녀는 나를 보자마자 팔을 끌어 엘리베이터로 곧장 향했다. 홍콩의 진보 활동가인 그녀는 시위와 관련된 활동을 하다 중국 본토로 잡혀가 소식을 들을 수 없게 된 사람들을 몇 명이나 알고 있었고, 말과 행동을 극도로 조심했다. 엘리베이터 안에서 눈을 바로 마주치며 말없이 싱긋 웃는 표정에서 그럼에도 취재에 최대한 협조하고 싶다는 담대함이 느껴졌다.

J는 등 뒤로 문이 닫힌 걸 확인하고 침대에 털썩 주저앉더니 무방비하게 웃음을 터뜨렸다. 검은 옷 때문인지, 상황 때문인지 살짝 굳은 듯 보였던 첫인상에 순식간에 에너지가 불어넣어졌다. 그녀는 "미안해요, 내가 너무 물어보지도 않고 앉았죠? 어쩐지 들어오기 전까지 긴장이 되어서"라며 잠시 민망해하더니, 무엇이 필요하건 자기가 할 수 있는 한 최대한 도와주겠다고 눈을 빛냈다. 시위의 현재 상황과 홍콩인들의 전반적인 분위기에 대해 듣고 싶었다고 하자, 그녀는 고개를 끄덕이며 "실은 영국 여권을 만들 생각을 하고 있어요. 나만이 아녜요. 많은 사람들이 여기서 탈출하는 수밖에 없다고, 우리에게 미래가 없다고 생각하고 있어요"라고 입을 뗐다.

저녁이 늦은 밤이 되고 시계가 자정을 넘길 때까지 J는 자신의 눈으로 본 홍콩의 상황을 들려주었다. 주요 인물들의 정치적 역학

관계, 이름이 알려지지 않은 시민들의 활동상이 그녀의 입으로 다시 그려졌다. 무엇보다 홍콩인으로서 그녀가 느끼는 절망, 그럼에도 왜 아직 멈출 수 없는지에 대해, 희망에 관해, 그녀는 샅샅이 들려주고 싶어 했다. 풍부한 감정으로 상황을 감각하는 그녀의 고통에 감응하는 건, 홍콩 시위라는 이름 아래 뭉뚱그려진 고통을 읽는 것보다 훨씬 마음 놓이는 일이었다. 홍콩의 역사가 그녀의 삶과 나란히 놓이자, 방에 들어선 그녀가 웃음을 터뜨릴 때 그러했듯 홍콩의 아픔이 열기와 이름을 가지고 다가왔다. 고통이 얼굴을 갖자 감응하기 쉬워졌다.

새벽녘이 되자 호텔 창밖에서 고층 빌딩들이 뿜어내는 빛이 들어와 희미하게 J의 얼굴을 물들였다. 멈추지 않고 이야기를 이어가던 그녀가 문득 물었다. "그런데 왜 홍콩 시위를 취재하고 싶었나요?" 잠시 대답을 유보한 채, 쥐고 있던 종이컵 모서리를 무심결에 구겼다. 그 질문은 홍콩에 오는 내내 스스로에게 던졌던 것이기도 했다.

홍콩인들에게 왜 미안함과 죄책감을 느끼는가? 내가 맡고 있는 취재 영역을 넘어선 기이한 책임감은 어디서 오는 것일까? 과도한 정의감이나 자의식 과잉 아닐까? 큰 사건의 스펙터클에 대한 원초적 호기심이 자극된 건 아닐까? 폭력이 오가는 현장이 주는 아드레날린에 이끌린 건 아닐까? 혹시 공명심을 발휘하러 온 걸까? 시위를 구경해 버리거나 구경거리처럼 소비하는 데서 그치게 되진 않을까? 근사한 대답을 그럴듯하게 늘어놓기에는, 스스로 물어야 하는 게 많았다.

홍콩에 가야겠다는 충동을 일으킨 건 일부 매체가 홍콩 시위를 다루는 방식이었다. 물론 홍콩에 대한 깊이 있는 기획 기사도, 원거리여서 더 정확하고 자유롭고 용감해지는 기사들도 있었다. 하지만 먼 땅에서 일어나는 아픔을 자국의 성취에 손쉽게 빗대는 다소 깊이 없는 기사도 있었다. 홍콩에 대한 기사를 찾아볼 때면 '5.18 민주화운동과 비슷하다', '6월 항쟁과 비슷하다', '홍콩 시위대가 우리가 30여 년 전에 이미 쟁취한 민주주의를 부러워하고 있다'는 기사들이 꼭 하나둘씩 보였다.

범죄인 인도 조례, 이른바 송환법에 반대하는 홍콩 어머니 집회에서 한국의 〈임을 위한 행진곡〉이 광둥어로 불리는 영상이 국내 언론의 호기심을 자극했고, 〈1987〉이나 〈택시운전사〉처럼 민주주의를 소재로 한 한국 영화들이 홍콩에서 인기라는 문장들도 보였다.

이런 기사들의 관심사는 종종, 홍콩 시위대가 얼마나 우리를 부러워하는지, 존경하는지에 머물렀다. 한국 매체가 듣고 싶어 하는 것이 무엇인지를 알아챈 홍콩의 젊은 운동가들이 인터뷰를 할 때 영리하게 이런 발언을 집어넣은 것인지, 기자들이 질문으로 답을 유도한 것인지 다 헤아릴 수는 없었지만, 홍콩의 시위대가 한국의 민주화운동을 롤 모델로 삼고 있다는 식의 발언은 한국 매체에 자주 편집되어 등장하곤 했다.

내게는 이것이 우러러봄이나 칭찬이 아닌 호소로 들렸다. 해외 여론이 중요하다는 점을 잘 이해한 운동가들이 해외 미디어에 다뤄지기를 간절히 바라며, 너희에게도 비슷한 일이 있었던 걸 기억해서라도 홍콩과 함께해 달라는 외침으로 들렸다.

화제가 되고 있는 사건이나 독자들이 봐줬으면 하는 기사에 관심을 받을 만한 트리거를 넣는 건, 주목을 끌고 싶어 하는 매체들로선 자연스러운 선택인지도 모른다. 나에게 그 기사가 맡겨졌다면 다르게 썼을까, 자신하기 어렵다. 독자에게 배달해야 하는 고통이 아주 낯선 것일 때, 어떻게 친숙하게 만들어서 연민과 공감이라는 목적지에 닿게 할 수 있는가, 라는 문제 앞에서 나 역시 자주 넘어지곤 하기 때문이다. 독자의 사정거리를 벗어나서 일어나고 있는 사건이나 타국에 살고 있는 사람들의 사정을 전할 때, 고통에 대한 독자의 접근성과 친밀도를 친절히 고려하는 시도는 지극히 현실적인 전략처럼 보이기도 했다.

그럼에도 그런 기사를 볼 때면 마음 한 부분이 자꾸 긁혔다. 왜 원거리의 고통 앞에 우리가 곧잘 무심해지고 마는지, 고작해야 구경 이상의 관심을 쏟기 왜 어려운지, 친근하게 느껴질 때 왜 연민의 감정이 더 자극되곤 하는지, 왜 너/그들에게 공감하기 위해선,

나/우리와의 연결고리가 매번 필요한지, 바깥의 고통에 대비되어 더 선명하게 드러나는 나의 행운에 안도하는 방식이나 우리의 성취를 대조해서 상찬하게 되는 건 지나치게 얄팍하진 않은지, 고민이 됐다.

고통과 연민의 매개로 어째서 우리가 관광을 자주 가는 도시, 좋아하는 영화의 촬영지였다는 식의 수사가 들어가야 하는지. 왜 고통이라는 상품에 매력을 첨가하기 위해 당신과 친밀한 곳이라는 수식이 필요한지. 해외 뉴스는 '우리'와 정서적, 경제적, 정치적으로 연결되어야만 의미 있어지는 건지. 그렇다면 먼 거리에 있는, 통역에 실패한, 바다를 건너오지 못하는 고통은 어떤 포지션에서 어떻게 전해야 하는지. 어째서 타국의 시련을 전달할 때는 고통의 현지화가 필요한지.

마음이 긁히는 이유는, 고통의 물리적 거리감이 심리적 거리감으로 이어지는 일이 내 안에서도 빈번해서였다. 마음을 쓰다가도 눈에서 멀어지면 무심해지기 일쑤여서였다.

홍콩에 간 건 막연하고 멀게만 느껴지던 고통의 얼굴을 찾기 위해서였을지도 몰랐다. 홍콩이라는 지역이 앓고 있는 통증과 그 통증을 삶에 흡수한 사람들이 걷는 거리에서 그들의 얼굴을 목격하려고. 이름이 알려진 지도자들과 당국 관계자들의 입을 빌리지 않고 시위에 참여하거나, 애써 외면하거나, 부모와 자식이 시위에

갈지 말지를 두고 세대 갈등을 빚는 평범한 이의 하루에서 시위의 윤곽을 빚어내려고. 홍콩 시위에 얽힌 역사적, 문화적 맥락을 몸으로 살아내지 않았으니, 마음을 온전히 포개기에는 그들을 잘 알지 못한다는 생각이 들어서였다.

하나의 고통을 온전히 빨아들이기 어려울 때, 그 빈자리에 죄책감이 들어찼다. 게다가 집에서 기사만 읽고 있노라니, 중국과 미국이라는 두 열강의 이해관계 안에서, 혹은 그들과의 외교 관계를 의식하며 생산된 기사들 속에서 자주 어지러움을 느꼈다. 홍콩을 둘러싼 외부 환경은 촘촘하게 복잡했고, 중국이 홍콩인들의 소셜미디어를 통제하고 홍콩 기자들이 언론 통제를 당하는 상황 속에서 외국인 기자가 할 수 있는 일은 그나마 뚜렷해 보였다. 더 취재하고, 더 알리기. 엉거주춤, 안전모가 든 가방을 어설프게 들고 서라도.

J에게 이 모든 걸 이야기할 순 없었고, 너절한 자기 검열을 털어낸 일부만 이야기할 수 있었다. 애꿎은 종이컵을 다시 골고루 펴며, 나 역시 부득이하게 5.18을 떠올렸음을 얼마간 무참해하며, 5.18 민주화운동 당시 삼엄한 언론 통제 아래서 외국인 기자들이 해준 역할에 대해 짧게만 언급했다. 르포르타주 하나로는 턱도 없겠지만, 그 턱없음의 한계에 지레 펜을 거두진 않겠다고. 홍콩에서 무슨 일이 일어나고 있는지, 현실적으로 어떤 대안이 있고 국제사회의 어떤 지지가 필요한지 한 명에게라도 더 알리고 싶다고.

그 과정에서 홍콩에 대해 더 배우고 싶다고 이야기했다.

그녀는 고개를 끄덕이더니 취재를 도와줄 사람들의 연락처를 건넸다. 신뢰의 표시로 읽혔다. J는 마지막으로 가볍게 날 안아주고 나서, 다시 회전문을 휙 밀고 몽콕의 스산한 새벽으로 성큼성큼 걸어 사라졌다.

앞서 고통의 얼굴을 찾으러 갔다고 이야기했지만, 그게 얼마나 순진한 소리였는지는 시위 현장을 헤매고 다니며 알게 됐다. 2020년 1월, 팬데믹이 시작되기 전이었지만 홍콩 시위대는 이미 검은 마스크와 검은 옷으로 몸을 감추고 있었다. 시위대가 쓰는 홍콩 흑색기가 머리 위로 높이 휘날렸다. 얼굴을 들키면 어떻게 될지 모른다는 걸 이미 알고 있는, 익명의 군중이었다. 마스크를 벗기고 따로 이야기를 하자고 하는 건 이들이 표명하는 익명성에 반하는 것이었다. 얼굴을 알아볼 수 없게 가린 채였지만, 마스크 위로 깜빡이는 눈꺼풀에 탄력이 가득했다. 10대와 20대 초반으로 보이는 사람들이 많았고, 몇몇을 붙잡고 나이를 물었더니 시위를 상징하는 가이 포크스 가면을 쓴 아이가 열두 살이라고 외치며 달려갔다.

세대도, 계급도, 성별도 다양할 이들의 목소리는 균일하지 않겠지만, 모두가 익명이었기에 별수 없이 울퉁불퉁한 채로 한 덩어리가 되어야 했다. 시위를 위해 거리에 모습을 드러냈지만 신원을

먼 거리에 있는,
통역에 실패한 고통의 좌표를 가늠해 본다.
근거리에 있어야만
관심을 가질 수 있는 것은 아니라고 믿으며.

적극적으로 감추고 있는 이 시위대를 취재하는 건, 보통의 시위 취재와는 방식이 달라야 했다. 카메라 취재가 필수라고 생각되지는 않았고, 특히 가까이서는 찍지 않는 게 낫다는 직감이 들었다. 취재가 채증이 되지 않도록 하는 것이 우선이었다.

가까이서 바라보기 위해 거리를 좁혔지만, 방법적으로 한 걸음 물러나는 게 맞다는 판단이었다. 그게 현장에서 찾아낸 적정 거리였다. 이름을 묻거나 얼굴을 촬영하기보다 이니셜과 나이, 홍콩인인지 정도만을 구두로 확인하며 시위대 한 명 한 명과 이야기를 나눴다. 당시 썼던 기사 일부를 이곳에 옮긴다.

그러니까, 이 목소리들은 아직 패배를 모르는 젊음을 가지고, 자신들이 바로 홍콩인hongkongers이고, 중국인이 아니라고, 이대론 우리에게 미래가 없다고 망설임 없이 말하고 있었다. 그렇다면 이 목소리들은 이제 어디로 가고 있을까. 이들은 스스로 홍콩의 오늘을 어떻게 진단하고 있을까. 영국에서 홍콩을 반환받을 당시 중국이 약속했던 '고도의 홍콩 자치'에 대해, 한 나라 안에서 두 개의 시스템—중국의 사회주의와 홍콩의 자본주의가 50년간 공존하게 하겠다는—이 존재하는 이른바 일국양제에 대해 각국은 각자 선 자리에서 본 시각과 서로의 이해관계에 따라 전혀 다른 말과 해석을 쏟아내고 있다. 제국주의와 식민통치, 민족주의, 사회주의와 자본주의, 열강의 무역전쟁 등 복잡한 이슈들에 나름의 프리즘을 가지고 반응해 온 개인들 역시, 내면에 깊게 팬 익숙한 이데올로기적 지도를 따라 상황을 바라보게 될

뿐이다. 이념의 언어로 설명하기에는 홍콩의 상황은 독특하다. 홍콩을 취재하며 유명한 정치인들의 말에 귀 기울이기보다 광장에서, 거리에서 만난 다양한 '보통 홍콩 사람들'에게 계속해서 질문을 던졌던 이유는, 그들이 공동체로 연대해 더 나아갈 수 있는지, 그러니까 '공통의 언어'를 가졌는지 궁금해서이기도 했다.

인터뷰들에서 추출해 낸 '공통의 언어'는 이러했다. 몇 번의 체포에도 불구하고 적극적으로 시위에 나서는 청년 K도, 자신의 자리에서 최대한 할 수 있는 일들을 하고 싶어 하는 교수 J도, 시위를 다소 멀찍이서 관찰하며 지지하고 있는 중년의 학자도, 또 이름을 하나하나 나열할 수 없는 사람들이 "홍콩에는 이제 다른 선택지가 없다"라고 입을 모았다. 저항하다가 직업을 잃을까 봐, 다시는 본토에 가지 못하게 될까 봐, 혹은 본토에 갔다가 돌아오지 못하게 될까 봐, 어느 날 갑자기 납치될까 봐, 떠도는 낭설처럼 바닷물에 시체로 떠오를까 봐 공포에 떨면서도 "이번이 제대로 된 직선제를 얻어낼 마지막 기회"라고 이야기했다.[28]

이 기사에는 사진이 한 장도 들어가지 않았다. 몇 장 찍어온 사진은 대체로 홍콩이공대학과 몽콕 시내의 불타고 무너진 흔적들을 촬영한 것이었는데, 인화한 뒤에 르포 기사를 쓸 때 참고 자료로만 활용했다. 망원렌즈로 당기듯 훌쩍 다가가기도 하고, 드론 카메라로 조감하듯 멀찍이 물러서기도 하며 거리를 조절하자 기사의 좌표를 추출해 낼 수 있었다. 시위대가 원하는 것을 공통의 언어로 벼리어 한국의 독자에게 전달하고, 이들의 현재를 짚고 실현 가능한 미래가 있는지를 헤아려보는 것. 이들이 얼굴과 몸을 가린 채 위험을 무릅쓰고 말하는 새로운 언어, 새로운 가능성을 고스란히 전달하는 것.

외신, 특히 미국의 언론사들은 언론의 자유가 발달하고 민주주의와 자본주의가 한시적으로 흥성했던 홍콩에 두고 있던 아시아 지국을, 2020년을 기점으로 대한민국 서울로 옮기기 시작했다. 홍콩에 거처를 두고 홍콩을 취재해 왔던 아시아 특파원들은 여러 지국으로 뿔뿔이 흩어졌고, 일부는 서울로 자리를 옮기고 있다. 세계 속에 재현되는 서울의 고통은, 이로 인해 조금 더 근거리가 되고 자세해질지도 모른다.

그러나 홍콩, 이제는 예전의 지위와 위상을 영영 잃어버리고만 이 작은 나라, 도시, 혹은 땅의 고통은, 우리에게서 얼마나 멀어지는 걸까. 한때 가까이 들을 수 있었던 시위대의 소망은 실현되지 않았고, 희망의 증발은 기정사실이 됐다. 새로운 뉴스만이 무심하게 이어진다.

지역에서 유독 사건 사고가 많이 일어나는 이유

✖

기억 하나.

　40명이 넘는 학생이 들어찬 교실의 공기가 짓눌릴 듯 답답해서 자습 시간이면 자주 창문 앞에서 공부를 한다. 은사시나무 잎이 바람에 흔들리며 햇빛을 튕겨내는 모습도, 함박눈이 두툼한 담요처럼 시든 잔디를 뒤덮는 모습도 그 흰 창틀에 비스듬히 기대어서 본다. 계절이 오갈 뿐 풍경에는 변화가 적고, 자꾸만 어서 벗어나고 싶다는 생각을 한다. 그러는 사이 춘추복에서 하복으로, 동복으로 교복이 바뀌고, 열일곱에서 열아홉이 된다. 키가 자라서 교복 치마가 무릎 근처까지 껑충해진다. 바뀌지 않는 건 교단에 선 교사들의 말이다. 가톨릭계 고등학교라 수녀들이 수업에 들어

오는 경우도 있는데 그 말만은 나이, 성별, 종교와 무관하다는 듯, 불변의 진리라는 듯, 교사의 입을 통해 우리에게 구전된다.

얘들아, 공부를 열심히 해서 서울로 가야 해. 이 말은 인생을 다 겪어 본 어른의 진심 어린 조언으로 통한다. 그곳에서 1등급 안으로 비집고 들어간 사람들 손에 쥐어지는 건 또래 집단과의 경쟁에서 이겼다는 막연한 우월감 같은 게 아니다. 탈출이라는 구체적 해법이다. 그 선을 통과하면 가족, 친구, 함께 자라온 거의 모두와 이별할 수 있고, 그건 좋은 걸로 받아들여진다.

기억 둘.

신촌의 한 맥줏집. 교복을 벗고 갓 스무 살이 되었고, 서울에 있는 대학교에 다닌다. 나는 가족 중에서 처음으로 서울 소재 대학교에 진학한 사람이다. 고향에서 나를 만나러 올라온 언니를 친구들과의 술자리에 데려간다. 우리는 사투리를 강하게 쓰는 할머니 손에서 자란 아이들이다. 방송에서 표준어를 접하며 사투리를 말끔하게 세탁한 나와 달리 언니의 말투에는 할머니의 흔적이 잘 보존되어 있다.

언니가 입을 열자, 친구가 웃으며 사투리를 흉내 낸다. 사람들이 와르르 웃는다. 그제야 우리 자매를 제외하고 그 술자리에 있는 사람들이 모두 서울에서 태어나 서울에서 자랐다는 걸 깨닫는다. 언니를 놀리는 그의 말투에서도 서울 사투리가 느껴지지만, 우리 귀에는 네 말투 역시 이상하게 들린다고 말하진 못한다. 그건 서울 말이고, 그게 곧 맞다는 권위처럼 느껴져서다.

주눅이 들고 언니가 창피하다. 더 부끄러운 건 그 상황에 수치심을 느낀 나 자신이다. 나로 인해 낯선 곳에서 겪지 않아도 되는 모욕을 당한 언니를 챙겨야 마땅하지만, 그저 빨갛게 달아오른 뺨을 감추려고 술잔에 코를 파묻느라 언니의 표정을 살피는 일을 놓친다. 대신 고개를 숙인 채 테이블의 크기와 색, 맥주의 거품, 호프집에서 기본 안주로 나오는 맛없는 과자를 바라본다. 오목한 접시 안에 가득 들어있는 노란색 마카로니 과자 사이로 이따금 초록색 과자가 섞여있다. 꼭 그 모습처럼, 우리 자매가 무언가 주변과 다르게 느껴진다.

기억 셋.

"뉴스에서 널 보면 반갑긴 한데, 항상 나쁜 일로만 나와서 완전히 반가워할 수가 없더라." 태풍 심야 생중계를 마치고, 갓 철수를 하려는 차에 핸드폰에 메시지가 와있는 걸 본다. 서울에 사는 친구다. 딱히 놀라운 내용은 아니다. 전국 뉴스에 나올 때면 항상 비슷한 문자가 여러 통 온다. 대개 서울에서 대학을 다닐 때 알게 된 친구들의 연락인데, 내가 지역으로 취업한 뒤에는 다시 만난 적

없는 사람도 있다. 서로 바쁘기도 하거니와, 내가 '너무 멀리' 살아서다. 본 지 오래된 친척들 연락도 받는다.

뉴스야 항상 하는 건데, 가끔 서울에 나올 때만 사방에서 연락이 오니, 이럴 때면 전국 방송의 힘을 느낀다고 지역 기자들은 말한다. 힘이 어떤 의미인지를 굳이 설명하지 않아도 우리끼린 공유한다. 한편으론, 우리가 나오는 뉴스가 자주 '나쁜 뉴스'여야 하는 것에 대해 약간 착잡해진다. 고발 취재를 한창 하고 나서는 길에, 정부 부처나 기업의 홍보실 직원들이 전국 방송에 나가는지의 여부를 꼭 묻고, 지역 방송에만 나간다고 대답하면 눈에 띄게 안도할 때도 비슷한 씁쓸함을 느낀다.

나는 지역 출신이다. 광주에서 태어나 자랐다. 서울에서 대학교를 다니고 다시 광주로 내려왔고 지역 방송 기자로 10년간 뉴스를 제작했다. 그러니 지역과 지역 뉴스에 대한 생각을 담은 글을 쓰는 일은 그다지 어려운 일이 아닐지도 모른다. 특히 지역 뉴스와 중앙 뉴스의 관계에 대한 글은 어쩌면 끝도 없이 쓸 수 있을 것 같다는 생각도 든다. 바꿔 말하면, 내 삶과 너무나 밀착된 이슈라는 뜻이기도 하다.

개인적인 경험을 분리해 내어 말끔히 소독한 뒤, 동료와 선후배에게 보고 들은 지역 뉴스에 대한 보편적인 고민을 보태 더 깔끔하게 이 글을 시작할 수도 있었을 것이다. 하지만 나는 조금 더 정직한 자리에서 출발하고 싶었다. 내 위치에서 매우 중립적으로 다듬어진 이야기를 하기에는 어려운 주제일 수도 있다는 걸 숨기고 싶지 않았다. 지역 뉴스에 대한 이야기를 하기 위해 사적인 기억으로 글을 연 것은 그러한 까닭이다.

지역민의 서울 선망과 서울에서 지역민으로서 겪은 차별과 수치의 경험, 지역 뉴스가 중앙 뉴스에서 소외되는 이유는 서로 다른 구조적 오류에서 출발하지 않는다. 그래서 이 기억들은 개인적이지만 보편적이다. 서울 집권화는 우리의 삶에 스며있다. 서울 집권화는 뉴스 산업 안팎에도 고루 배어있다. 원인에 영향을 미치고, 그 자체가 결과의 일부이기도 하다.

언론사가 지역 뉴스를 어떻게 편집하는지 보려면, 먼저 지역 뉴스룸이 어떻게 구성되는지를 살펴야 한다. 지역 뉴스가 서울에 선별되어 나가는 과정은, 서울 본사와 지역사의 연합 네트워크 구조로 이루어진 언론사들을 예시로 놓아야 파악할 수 있을 것이다. 우선 주요 방송사의 경우는 어떨까.

KBS는 전국 네트워크를 잘 갖춘 곳 중 하나다. 9개 주요 도시에 방송총국과 9개 지역국을 두고 있고, 기자들이 지역 순환 근무를 하기에 인적·물적 자원이 통합되어 있다. 소통은 본사의 '네트워크부'를 통한다. MBC의 경우는 서울MBC와 16개 지역MBC가 있다. 서울MBC가 대주주로 본사와 계열사 관계다. 각자 생산한 뉴스를 본사와 계열사가 주고받으며, 뉴스 교환은 '전국부'를 통해 이뤄진다. 지역에서 대형 사건 사고가 일어났을 경우에는 서울 본사에서 지역으로 인력을 파견하기도 하지만, 기본적으로 인력 교환은 없다. SBS의 경우는 따로 지역사가 없고, 민영방송 네트워크 협정을 맺은 다른 9개 지역 민영방송사와 뉴스를 교환한다. 공통적으로 지역사는 수도권에서 방영되는 뉴스를 그대로 송출하다가 후반부에 끊고 들어가며 자사의 뉴스를 일정 분량 동안 내보내고, 적당한 타이밍에 다시 서울을 연결한다. 신문사는 본사에 소속된 지역 주재원을 두는 경우가 대부분이다. 하나의 회사가 꾸려질 정도로 크게 지역사를 두는 사례는 거의 없고, 그 권역의 지역면을 채울 기사를 위해서 기자 몇 명을 지역에 배치하는 형태다.

전국으로 송출되는 지역 기사는 어떻게 만들어지고 편집될까? 일단 지역사 기자가 취재한 기사를 송고하면 지역사 취재 데스크가 편집한다. 지역 뉴스는 이 단계에서 방송 송출이 결정된다. 하지만 서울에 나가는 기사에는 몇 단계가 추가된다. 지역사 취재 데스크가 서울로 송고하고, 전국부가 이 기사를 낼 것인지 말 것인지를 결정한다. 기사를 내기로 결정하면 서울 뉴스 포맷과 길이에 맞게 다시 편집한다. 기자 멘트에 대해 한 줄 한 줄 세세한 협의가 이뤄질 때도 있다. 뉴스가 나가는 순서인 방송 뉴스 큐시트 안에서의 위치 등은 지역사의 통제 밖이다. 서울 편집부가 허가하고 결정한다.

이 구조에서 공통적으로 관찰되는 건 서울 중심적인 종속 구조다. 서울의 보도국이 기수가 되어 전국에서 올라오는 기사들을 어떻게 선별하고, 편집하고, 배치할지를 결정하는 권한을 가진다. 이는 한편으로는 중앙 집권형 시스템이 대체로 그러하듯이 효율적이고, 한편으로는 지역 뉴스를 서울의 필요에 따라 재가공할 수 있는 권한을 서울에 과잉 보장하는 것이기도 하다. 관점이 맞지 않다는 이유로 기사 검열이 이뤄진 사례도, 적어도 나에게는 있다.

전국 뉴스에 방영되는 지역 뉴스는 대체로 사회부 뉴스다. 날씨 아니면 사건 사고. 지역 방송 뉴스룸에서 사회부 기자로 일한다는 건, '서울용'이라고 부르는 전국 뉴스를 제작하는 일이 다른 부서에 비해 압도적으로 많다는 이야기이기도 했다. 대형 사건 사고가 터지거나 폭우나 폭설로 악천후가 이어질 때면 서울에 기사를 제작해서 보내줘야 하겠군, 늦은 밤이나 새벽까지 서울과 연결하는 생중계가 있을지도 모르겠구나, 라는 생각을 자연스레 하게 됐다.

지역에서 발생하는 사건 사고와 날씨는 지역 사회부와 서울 본사가 상시적으로 주고받는, 교환이 보장되고 약속된 분야다. 특히 '발생'인 경우에 그렇다. 그러니까 지금 일어나고 있는 일 말이다. 상황이 길게 이어지는 경우에는 보통은 다른 뉴스에 밀리고 만다. 뒷일이 어떻게 되었는지, 사고 수습은 어떻게 하고 있는지, 트라우마는 어떻게 치유할 것인지, 해결하는 데 몇 주, 몇 달, 길게는 몇 년씩 걸리는 남은 이야기들은 지역 뉴스에만 나온다.

지역 뉴스룸의 정치부, 경제부, 교육부, 문화부, 스포츠부는 서울에 뉴스를 보낼 일이 흔치 않다. 해당 부서 기자들이 대단히 열심히 노력하여 더 좋은 기삿거리를 찾아낸다고 해서 해결되는 문제가 아니다. 수요 없는 공급이랄까, 그런 문제다. 지역의 다른 문제는 그다지 중앙 뉴스의 관심사가 아니라는 이야기다.

이런 문제 의식을 담아 나는 방송기자연합회와 함께 2014년 방송 3사의 지역 뉴스 현황을 조사한 적이 있다.

방송 뉴스는 지역의 무엇을 보여주고, 무엇을 보여주지 않고 있는가를 실증적으로 파악하기 위해 지난 2013년 1년 동안 KBS와 MBC, 두 공영방송사의 저녁 메인뉴스에 보도된 지역 기사 1,700건을 분석했다 …… 2013년 MBC 〈뉴스데스크〉에 방송된 지역 뉴스 890건을 내용별로 나눠 보면, 지역 뉴스의 절반은 사건 사고였다. 457건(51.3%)으로 전체의 절반을 약간 넘었고, 기획 뉴스가 145건(16.3%)으로 뒤를 이었다. 이어서 3~5위로 기록된 뉴스는 스케치 리포트 91건(10.2%), 날씨 관련 90건(10.1%), 레저 관련 47건(5.3%) 등의 순으로 나타났다. 2013년 KBS 〈뉴스9〉에 방송된 지역 뉴스 810건을 내용별로 나눠 보면, MBC보다는 비중이 낮긴 하지만 여전히 사건 사고가 289건(35.7%)으로 가장 많았다. 기획 뉴스는 246건(30.4%)으로 그

비중이 적지 않았다. 뒤를 잇는 뉴스 유형은 MBC와 크게 다르지 않았다. 날씨가 88건(10.9%), 스케치 47건(5.8%), 레저 31건(3.8%) 등의 순으로 나타났다.[29]

시일이 꽤 지난 통계지만 사정이 크게 달라지지 않았다고 판단되어 소개한다.

이 통계는 지역 뉴스가 중앙 뉴스로 변환될 때 서울이라는 선별의 거름망 안으로 들어가 어떤 부분이 통과되고 어떤 부분이 배제되는지를 보여준다. 전국 뉴스를 통해 바라보면, 지역은 흉흉한 사고가 발생해 사람이 많이 죽는 곳, 흉악범이 판을 치고, 물난리와 불난리가 나고, 폭우나 폭설이 쏟아지는 곳이다.

그런가 하면 아직 개발의 삽질이 닿지 않는 산천이 있고, 놀러가기 좋은 지역 축제가 열리는 장소다. 설과 추석에 한국 고속도로가 귀성과 귀경으로 몸살을 앓을 때 저 먼 목적지에 있는, 인심 좋지만 사람이 점점 줄어가는 '고향'이다.

선별의 궤적은 전국의 뉴스 시청자들에게 그 지역의 생김을 전달하는 청사진으로 작용한다. 특정 뉴스를 제외한 지역 뉴스가 보이지 않는다는 건, 지역의 일부가 가려진 채로 전달되고 있다는 이야기다. 일례로 기피 시설에 대한 지역 여론은 곧잘 지역 이기주의로만 폄하된다. 지역의 정치나 경제, 교육, 문화는 마치 존재하지 않는 듯 중앙 뉴스에서 사라진다. 지역의 심층 기획 뉴스도 마찬가지다.

언론학자인 전북대학교 강준만 교수의 지적을 빌리자면 "중앙 언론이 쏟아낸 지방자치 관련 뉴스의 대부분은 지방 공직자들의 비리와 도덕적 해이에 관한 것"[30]이었고 이는 사건성 사회부 기사에 가깝다. 정치 영역 등에서 지역사와 본사의 협업 취재가 이뤄진 사례도 있지만, 그런 기획이 주목받았던 이유 역시 아직 그런 협업이 드물기 때문이다.

그래서인지 서울에 뉴스를 보내주고 밤늦게 집으로 돌아가고 있노라면 탁한 쓸쓸함이 올라오곤 했다. 오늘 나간 기사는 지역을 어떻게 비추고 있을까. 단편적인 2분짜리 뉴스 기사가 지역의 부정적인 요소만 강조하고 차별적인 시선을 강화하는 데만 쓰이면 어쩌지, 하고 걱정이 됐다.

그런 걱정이 눈으로 확인될 때도 있었다. 흉악 범죄를 보도하고 나면 범인의 출신 지역을 지역민들과 연결해 깎아내리는 댓글이 달렸다. 사건의 본질을 지역성과 연결 짓는 건 물론 편협한 데다 논리적이지도 않은 시각이다. 그런데도 뉴스를 마치고 나면 '저 지역 사람들의 인성', '저 동네 특성' 운운하는 지역혐오적 댓글이 걱정됐다. 뉴스가 전국의 시청자들에게 어떻게 비칠지 온전히 통제하는 건 불가능했다. 수용자가 어떻게 받아들일지는 또 다른 문제인데다, 서울이 다시 골라낸 기사만이 제한적으로 전국에 전달될 수 있었으니 말이다.

이렇게 묻는 사람들이 있을지도 모른다. 각자도생 사회 아닌가? 본사에 종속된 구조가 문제라면, 본사에 의존하지 않는 새로운 유통 경로와 재정 활로를 뚫으면 되는 것 아닌가? 물론 그렇다. 미디어 환경은 급변하고 있다. 유통을 위한 자구책을 찾아 유튜브 채널을 열심히 키우거나, 중앙사를 거치지 않고 포털 사이트에 기사를 직접 유통하는 지역사도 늘어나고 있다.

가끔 지역 뉴스 유튜브 채널에 올라온 기사가 크게 바이럴되어, '서울 기사'들과의 논조 차이가 좋은 의미에서 주목받은 적도 있다. 지역사 간 네트워크를 늘려 사실상의 전국 방송 체제를 꾸리자는 제안도 자주 있어왔다. 서울이 방송을 결정하지 않더라도 지역사 연합체가 함께 방송을 결정하면 사실상 서울 지역을 뺀 전국 방송은 가능하다는 논리다.

지역사 여러 곳을 통폐합해 효율적으로 운영하자는 것은 예전부터 이어져 온 주장이고, 종종 실현되는 경우도 있었다. 하지만 본사라는 브랜드가 굳건한 상황과 본사와 계열사, 서울과 지역사 사이 종속 관계의 틀이 다 없어지지 않는 한, 기존의 문제가 지속되리라는 전망을 부인하기는 어렵다. 새로운 플랫폼 경쟁에 적극적으로 도전하여 살아남을 형편이 되지 않는 지역 방송사와 신문사들도 있다.

중앙 뉴스에서 지역이 변두리 문제로 치부되며 그 존재감을 드러내지 못한다는 건, 지역의 여론이 하나의 행위자로서 역할을 충분히 하지 못한 채 중앙 정치에서 경시될 수 있다는 말이기도 하다. 이는 형평성에도 맞지 않고, 결과적으로 지역의 낙후를 심화시킬 수 있다.

이런 문제는 지역 사람들의 눈에만 선명하게 드러난다. 수도권에 인구의 반이 산다. 통계청이 내놓은 2021년 인구주택총조사 결과에 따르면 서울을 포함한 수도권 인구는 전체의 절반을 넘은 2600만 명 선이다. 지역구를 지역에 둔 정치인들조차 수도권에 머물거나, 수도권만을 바라보거나, 수도권의 시각으로 지역을 바라본다. 여론은 본래 퍼지면서 팽창하고 변용하는 화학작용을 거치게 되는데, 지역 여론은 자꾸만 지역 안에 갇혀 맴돌다 사라진다.

그렇다면 언론사의 역학 관계 안에서 일종의 마이너리티인 지역사를 배려해서, 지역 언론사를 열심히 육성하고 지역 프로그램의 할당량을 더 늘려주어야 할까? 서울로 나가는 지역 뉴스의 아이템을 다양화하고 비중도 늘린다면 이런 불균형이 해소될까? 이 모든 것을 실행한다고 하더라도 문제가 해결되지 않을 것이며, 더 뿌리 깊은 곳에서부터 무언가 잘못되어 있다는 이 느낌의 정체는 무엇일까?

이쯤에서 조금 더 적나라한 현실을 벗겨내 보자. 뉴스 가치, 즉 언론사가 뉴스를 만드는 기준은 시청자의 흥미와 관심에 영향을 받는다. 인간의 자기중심적인 특성을 생각할 때, 이는 자신의 삶에 영향을 미치는 정도와 연결되어 있다. 한국은 국토가 대단히 좁고, 지역 간 거리가 가까운 편이지만 수도권 사람들이 지역을 인식하는 '거리감'만큼은 대단히 멀다고도 할 수 있다. 관심이 없고, 잘 알지 못한다. 중요하게 생각하지 않는다.

서울 거주민이 수도권 밖의 사정을 잘 알지 못해도, 삶에 큰 지장이 없다고 여겨진다. 지역 정보 업데이트가 느리다는 점을 질타할 사람 역시 많지 않다. 정보는 권력과 마찬가지로 위쪽을 지향하는 특성이 있다. 이익은 어차피 수도권에 밀집돼 있다. 지역은 다방면에서 낙후되어 있는 걸로 비친다. 사람들은 알아서 자신에게 이익이 될 것만을 정보로 간주한다. 지역 출신으로 서울에 살고 있는 사람들 역시, 정도의 차이는 있지만 당장 삶에 필요한 정보는 수도권 정보라고 생각한다.

약간 자조적으로 말하자면, 저 먼 지역에 친구나 가족이 있을지라도 '정말 큰 뉴스' 아니면 그들의 생사와 안전을 확인하는 정도의 정보면 충분하다는 인식이다. 시청자의 관심 역시 중앙으로 편향된다. 그러니 지역 뉴스에 관해서라면 수요와 공급 모두 절대 부족이다. 공급의 형태가 수요를 규정지은 예라고도 볼 수 있고, 그 역도 성립한다.

수도권 과밀화와 서울 집권화가 지역의 정보에 무관심한 현상을 부추기고, 정보와 여론의 불균형은 다시금 지역을 소외시키고 서울 집권화를 공고하게 만든다. 지역의 고립은 지방자치에 대한 감시 같은 외부 시선이 필요한 영역을 느슨하게 한다. 서울은 결과로써의 부패 사례만을 소비하며 '지역은 저래서 안 된다'며 지방 분권을 꺼리는 근거로 삼는다. 다시, 이런 문제점은 지역 사람들의 눈에만 확연히 보인다. 이건 좋은 뉴스와 좋은 프로그램을 만들어 지역 언론사의 경쟁력을 키우면 된다는 해맑은 낙관 너머에 자리 잡고 있는 근본적인 문제다.

지역 기자가 쓰지 않은 지역에 대한 기사가 오랜만에 중앙 언론에 등장하고 있다. 바로 '지역 소멸 문제', 인구의 지속적인 유출로 결국 지역이 없어진다는 뉴스다. 인구 절벽 현상과 맞물려 지역 소멸은 나름의 신선도를 갖춘 사회적 문제로 떠오르고 있는 모양새다. 지역이 없어진다는 뉴스를 보며, 이 뉴스 역시 지역이 없어진다는 현상을 중계하는 데 그치지는 않을까, 나는 기우하기를 멈추지 못한다.

지역이 소멸되고 있다고 비명을 지르는 뉴스는 지역이 소멸되지 않도록 변화를 불러올 수 있을까? 지역이 소멸되고 있다는 소식만 점잖게 알린 채 금세 원래 있던 자리로 돌아가지는 않을까? 한동안 이 구호는 정치인의 입을 빌려 선거철이면 지역 곳곳에 울려퍼질 것이다. 지역 공동체는 파워게임 안에서나 사이즈 면에서나 하락세인 모습을 자성하며 머리를 모으려고 할 것이다. 지역의 문제점은 언제나처럼 중앙 언론에서 부각되지만, 또다시 그 후의 이야기와 해결책은 지역 안으로만 빨려 들어가지는 않을까?

　오랜만에 '지방대생'을 연구해 그 목소리를 조명했다는 평가를 받으며 화제를 모은 계명대학교 최종렬 교수의 〈복학왕의 사회학: 지방대생의 이야기에 대한 서사분석〉을 비판적으로 검토한 동양대학교 장경욱 교수의 논문에는 다음과 같은 날카로운 문장이 등장한다.

> 사실적인 묘사라는 외피 속에 지방대생의 부정적 특성을 강조하고 희화화하면서도 정작 그런 특성을 야기하는 사회·환경적 맥락은 감추는 방식의 차별적 시선. 이런 면에서 그의 논문은 웹툰 〈복학왕〉과 차이가 없어 보인다.[31]

　이 문장에서 '지방대생'을 지역으로 바꾸어 읽는다고 해도 이 구절이 포착한 예리한 통찰은 훼손되지 않을 듯하다. 중앙 언론이 지역을 비춰온 방식에는 지역을 부정적으로 타자화하는 시선이 묻어있다. '그런 특성을 야기하는 사회·환경적 맥락'을 감추는 방식으로 서울의 뉴스가 지역을 재현하는 한, 지역 소멸을 짐짓 걱정하는 듯 말하면서도 진정한 지역 소멸의 원인에 대해서는 침묵한다는 혐의를 벗을 수 없을 것이다.

모두가 당장 삶에 필요한 정보는
수도권 뉴스라고 생각한다.
지역의 이야기는 가려진 채로 전달된다.

만들어진 전쟁, 젠더 갈등

✖

서울시 관악구 신림동 등산로에서 대낮에 강간 살인 사건이 일어났다. 피의자는 30세 무직 남성이었다. 4개월 전에 강간을 계획하며 너클을 구매했다고 진술했다. CCTV가 없는 장소를 노려 일면식도 없는 여성을 무차별적으로 폭행했다. 피해자는 30대 초등학교 교사였다. 유달리 부지런한 성격이었고, 방학 중에도 근무를 하기 위해 출근을 하던 길이었다.[32] 사건 발생 당시 피해자가 어디로 가던 중이었는지는 사건의 본질과 관계가 없다. 그런데도 등산로에서 운동을 하던 중이 아니었다는 정정 보도가 나가는 건 중요했다. 초기 보도에서 운동을 하고 있었다고 알려졌을 때, "여자 혼자 그 시간에 왜 운동하러 가냐"고 피해자를 탓하는 2차 가해 댓글이 달렸기 때문이다. 유족은 이런 댓글이 너무나 고통스럽다고 했다.[33] 2023년 8월, 여전히 성범죄의 원인이 피해자에게 있지 않음을 애써 입증해야 한다. 피의자가 밝힌 범행 동기는 "강간이 하고 싶어서"였다.

2022년 12월, 국민의힘 소속 최인호 관악구 의원은 "대한민국 최초로 여성안심귀갓길 전면 폐지"를 이뤄냈다며 유튜브 계정을 통해 홍보했다. 여성안심귀갓길은 조도가 낮거나 유동인구가 적은 길에 비상벨과 CCTV, 조명 등을 설치해 범죄를 예방하는 정책이다. 최 구의원은 "여성안심귀갓길 사업으로 남성들은 어떠한 보호도 받지 못하는 현실에 놓여있다"고 주장했다. 그는 "페미니즘 기반 정책을 뿌리째 뽑아버리겠다"며 선거에 나와 당선되었다.[34] 신림동 등산로 강간 살인 사건이 일어나며 최 구의원에 대한 사퇴 요구가 거세지자 관악구는 '여성'이 들어가지 않은 정책으로 이름만 바뀐 정도라고 해명했다.

정책 폐지가 성공했는지 여부보다 눈길을 끄는 건 구의원의 주장 자체다. 그의 논지는 새롭거나 낯설지 않다. 남성이 '페미니즘으로 인해 차별을 받고 있는 피해자'라는 생각에서 출발한다. 이 논리 안에서 사실 관계와 무관하게 성차별은 없는 것으로 전제된다. '페미'들은 부당하게 더 많은 것을 요구하는 '이기적인 여성들'이며, 그로 인해 남성들은 '역차별의 희생자'가 된다. 20대 대선 전후로 한껏 불붙은 '여성가족부 폐지' 주장과도 맥을 같이한다.

여성가족부는 '차별적 여성 우대 정책'을 생산하는 곳으로 쉽게 비하된다. 이 말의 힘은 어찌나 센지, 대선 공약 자리 정도는 쉽게 퀘차고 한국 성평등 정책의 향방까지 결정할 기세다.

1960년대에 한국에서 가족법 개정 운동과 여성 노동 운동이 시작되었고, 1970년대부터 대학에서 여성학을 가르치며 페미니즘 논의가 본격적으로 전개되었다. 그 성과 중 하나로 만들어진 게 국가 차원의 성평등 정책 전문 부처인 여성부, 지금의 여성가족부다.[35] 수십 년간 쌓아온 사회적 논의를 뒤집어, 여성을 타자화하고 남성이 오히려 약자이자 피해자라고 주장하는 언어는 어떻게 태어났을까. 이런 언어의 주요 발원지인 온라인 공간에서의 미소지니[Misogyny]는 뿌리 깊다. (미소지니는 '여성에 대한 혐오, 경멸 또는 뿌리 깊은 편견'을 포괄하는 단어다. '여성 혐오'라는 한국어 번역은 이 의미를 다소 납작하게 만들고 불필요한 혐오 논쟁을 부르기에 이 글에서는 원어를 그대로 썼다) 온라인에는 한국 사회에 깊게 축적돼 있던 미소지니가 근사치로 복제되거나 반영되어 있다.

젠더교육연구소 이제의 연구원 윤보라는 2013년에 "거의 십수 년간 여성들은 포털사이트의 댓글, 사소한 정보를 얻으러 가입한 커뮤니티들 안에서 다양한 방식의 여성 비하 발언을 지켜보았다"고 지적한 바 있다.[36] 일베에 대한 연구로 이름을 알린 사회학 연구자 김학준이 2007년부터 2013년까지 네이버와 다음의 사회면 뉴스 중 가장 많은 댓글이 달린 기사들을 모아 분석해 보았더니, 이미 2007년부터 온라인 공론장에서 여성가족부가 모든 문제의 근원이라는 식의 태도가 공고했다고 한다.[37]

"페미니즘은 철학이나 이론이 아니며, 심지어 관점도 아니다. 이것은 세상을 몰라보게 바꿔놓는 정치 운동이다. 페미니즘은 여성의 정치적·사회적·성적·경제적·심리적·신체적 종속을 끝내면 세상이 어떻게 될 것 같으냐고 묻는다. 그러곤 답한다. 우리도 모른다고, 한번 해본 다음 어떻게 되는지 지켜보자고."[38] 영국의 젊은 철학자 아미아 스리니바산Amia Srinivasan의 말이다. 한국 사회에서 페미니즘을 혐오하는 사람들은 '한국의 페미니즘'은 '변질되었다'고 주장한다. 여성의 정치적, 사회적, 성적, 경제적, 심리적, 신체적 종속을 끝내겠다는 상상은 자연스럽게 각국의 정치적, 사회적, 경제적 상황에 따라, 개인의 심리적, 신체적 종속 정도에 따라 그 실천 방식이 다양할 것이다. 변질이라는 표현은, '본래'의 페미니즘이 옳고 정당한 것이라 할지라도 한국의 맥락에서만큼은 오염됐다고 주장하며 반박을 원천 차단하려는 프레임이다. 사실에 기반한 밀착된 분석 이전에 병리적이라고 섣불리 단정한다는 점에서 문제적인 태도다.

언론이 한 사건을 바라보는 방식은 다양한 요소를 통해 발각되곤 하지만, 어떠한 어휘를 선택하는가는 그중에서도 언론의 시각을 투명하게 보여주는 잣대다. 기자로서 보기에, '갈등'이나 '논란'은 꽤 안전하고 편리한 단어다. 의견이 첨예하게 갈리는 사회현상을 중계할 때 쉽게 가져다 붙일 수 있고 결론을 내지 않아도 된다. 첨예하게 시시비비를 가려 한쪽 편을 들지 않기에, 위험 부담도 적다. 이는 일단 의견이 다른 양측의 독자를 한쪽도 놓치지 않는 전략이다. 확증편향의 시대에 이런 유의 기사는 중립적이면서도 상업주의적인 포지션을 무난히 취할 수 있다. 게다가 부정적인 정서에 끌리기 쉬운 인간의 심리까지 잘 포획해 호기심을 자극한다. 일어난 사건, 혹은 사건으로 부풀려진 일을 중계하며 이쪽은 이렇게 주장하고, 저쪽은 저렇게 주장한다고 쓴다.

기자의 고정관념이나 주장이 뒤섞여 편향의 위험성을 안고 있는 쪽은 누가 더 옳은지를 적극적으로 고르고 옹호하는 기사의 경우라고 생각하기 쉽지만, 실은 겉보기에 중립적인 듯한 기사들 역시 편향성의 덫에 빠지기 쉽다. 오랫동안 고쳐지지 못한 채 고여 있는 사회문제는 어디서부터 어디까지 보도할 것인지가 매우 의도적인 선택이며, 맥락이 있는 사건에서 맥락을 도려낸 채 겉으로 드러난 현상만 '공평한 비율'로 나열하는 건 실상 중립과 거리가 멀다. 물론 '갈등'이나 '논란'이라는 말을 제목으로 단 모든 기사가 중립을 가장하는 가면을 쓰고 있다는 말은 아니며, 실제 갈등 상황을 요약해 정리할 때에는 당연히 필요한 표현이기도 하다. 하지만 이런 제목의 기사들을 약간은 미심쩍은 눈으로 보게 될 때가 있다. 중립적인 척하는 데 불과하지는 않은지, 맥락을 자르지는 않았는지, 갈등과 논란을 단순히 중계하고 있지는 않은지, 중계한다는 명분으로 갈등을 재생산하거나 오히려 부추기고 있지는 않은지, 그러니까 언론 스스로가 갈등을 만드는 행위자가 되고 있지는 않은지 우려되어서다.

'젠더 갈등'은 좀처럼 인기가 식지 않는 기사 소재다. 한국 사회에서 젠더 갈등은 자주 온라인 공간과 엮여왔다. 1999년 군 가산점 폐지 논란이 온라인 공간에서 벌어진 최초의 젠더 갈등이라면[39] 2015년 메르스 갤러리의 미소지니 미러링과 2016년 강남역 살인사건을 둘러싼 갑론을박은 젠더 문제에 있어 여초와 남초 온라인 커뮤니티가 향하는 방향을 완전히 갈라놓았다. 온·오프라인에 고여있던 오랜 성적 대상화와 미소지니가 '넷페미'를 출현시킨 계기가 된 셈이었지만 거울에 비친 혐오의 모습도 자성을 이끌어내지는 못했다.

변곡점마다 기회가 있었지만 번번이 백래시가 선택됐다. 정치권은 '이대남'이라고 불리는 가상의 집단을 호명해 안티 페미니즘에 젊은 남성의 목소리를 입혔다. 보수의 결집을 위해 지지층을 끌어 모으는 전략에 특히 젊은 여성이 '적'으로서 타기팅됐다. 세대가 바뀌며 약해진 지역 갈등의 자리를 메꿔줄 새로운 갈등이었다. 오로지 정치적 이해관계에 따라 백래시가 정치권으로 적극 편입된 갈등 심화 시나리오 안에서 언론은 무엇을 했고, 또 하지 않았을까?

온라인 커뮤니티는 기사를 양산하기에 좋은 조건을 두루 갖췄다. 자체적인 추천 시스템으로 인기 게시물을 추려내고, 익명으로 달린 다양한 댓글은 게시글을 상호작용하는 사회적 테스트로 완성시킨다. 화제성이 있는 아이템을 쉽게 선별할 수 있고, '누리꾼'이라는 모호한 이름 아래 인용 문제도 간편하게 해결할 수 있다. 인터넷의 범용성과 접근 가능성, 다양한 사용층은 온라인에서 대의민주주의보다 훨씬 더 완벽하게 민의를 반영하는 토론이 펼쳐지고 있다는 착시 현상을 일으키곤 한다. 문제는 온라인이라는 공간이 생각만큼 균질하거나 투명하지 않다는 점이다. 특히 온라인 커뮤니티는 사회문제를 토론하기 위해서라기보다는 밈을 공유하고 웃음 코드와 감정을 나누려고 모인 사람들의 이야기가 끊임없이 부글부글 끓어오르는 혼탁한 장소에 가깝다. 기자가 온라인 커뮤니티 특유의 문법을 속속들이 이해하고 파악하고 있지 않은 한, 커뮤니티의 글을 기사로 번역해 오는 과정에서 과장과 오독의 위험성이 생긴다.

충분한 검증과 숙고 없이 게시글이나 댓글을 함부로 인용하는 사례도 있고, 출처와 신뢰성이 담보되지 않은 상태에서 익명의 사용자들이 여론을 과잉 대표하게 될 가능성도 있다. 여론 파악이 쉽지 않기 때문에 댓글이라는 몸을 갖춘 실증적 예를 찾게 되는 데, 이 과정에서 가장 자극적이거나 기자 입맛에 맞는 반응을 무작위로 고르는 경우도 있다. "선별적 목소리에 내포한 의미와 사실 여부도 해석하지 않은 채로, '논란'이라는 말을 반복해 논란을 만들어내는 상황"인 것이다.[40] "사실상의 '취재 없는 온라인 커뮤니티 전재'라는 문제 행위"가 늘어나고 있다는 분석도 나온다.[41]

젠더 갈등이 주로 인터넷 논쟁을 전달하는 양상으로 보도되고, 여초와 남초 커뮤니티의 양분된 의견을 소개하는 형식의 기사가 늘어나자 부작용 사례도 늘고 있다. "'미투 당할까 봐' 역에서 쓰러진 여성 방치한 '펜스룰'"이라는 제목으로 낸 중앙일보 기사는 인터넷 커뮤니티발 기사가 오보가 된 예다. 전철역에서 여성이 쓰러졌는데, 남학생이 "미투 당할까 봐" 도와주지 않았다는 글이 기사화되며 논쟁을 불러일으켰는데, 글의 최초 작성자가 허위 게시글이었다고 털어놓으며 상황이 반전되었다. 더불어 도쿄올림픽에서 한 여성 국가대표 선수가 '숏컷'이니 '페미'라며 남초 커뮤니티에서 공격을 받을 때 일부 언론사는 익명 뒤에 숨은 그들의 말을 사실 확인이나 가치 판단에서 손을 뗀 채로 중계했다. 그러나 애초에 확대 재생산될 가치가 있는 말이었다. 금메달리스트가 자국민에게 사이버 불링을 당한 이 해프닝은 선수 개인에게는 상처로, 외신의 눈에는 도무지 이해할 수 없는 남성 중심적 사회의 기이한 단면으로 남았다.

일부 인터넷 커뮤니티의 '루저 문화'를 토대로 하여 터져나온 불안에 찬 목소리가, '이대남'이라는 가상의 주인공으로 만들어져 미디어와 정치권에서 그대로 옮겨지기 시작한 건 그들의 정치 성향이 청년들은 진보를 지지한다는 스테레오 타입을 붕괴시키면서부터다. 갑작스레 '이대남'은 마음을 얻고 귀를 기울여야 할 대상이 되었다. 그리고 남초 커뮤니티와 그들이 쓰는 언어에 대한 정성스러운 사회적 독해가 이루어졌다. 이러한 과정을 거쳐 재빨리 "성별 갈등은 청년 세대 남성이 피해를 경험하는 것으로 재의미화"되었는데 이는 "남성이면 무조건 비하하고 모욕하는 여성이라는 악한 주체를 만들어냈기에 가능"했다.[42] 그러나 '나쁜 말'의 원래 주인이었던 자들이 누구인지는 쉽게 잊었다.

미디어 오늘은 한 기사에서 "젠더 갈등은 계급 갈등, 인종 갈등처럼 사회 구조적 불평등의 개혁을 둘러싼 대립 관계"지만 "언론은 어떤 성별 집단이 단순히 싸우는 모양새만 취해도 '젠더 갈등'이라 칭"하고, "SNS상의 말싸움도, 한 커뮤니티가 특정 성별을 향해 비난 여론만 조성해도 젠더 갈등"이라고 말한다고 지적했다.[43]

저항을 무효화하는 효과적인 방식은 억압된 자들이 들고 일어났을 때 저항이야말로 갈등의 범인이라고 지목하는 것이다. 이는 원인과 결과를 뒤집는 일이다. 왜 이런 일이 일어나고 있는지, 교묘하게 맥락을 지우는 일이다. 언론은 갈등 상황을 '화해'가 필요하고 '해결'되어야 하는 문제라며 부정적으로 묘사하는 경향이 있다. 이쪽도 힘들고 저쪽도 힘들다고 나열하며 사안의 무게를 재려 하지 않고 등가로 기록하고 지나간다. 그러나 사회적 갈등의 효용은 매우 분명하다. 구조적인 오류를 수정하고 해결할 수 있는 기회다. 억압의 맥락을 자른 보도는 억압을 재생산하고 기존 질서를 공고하게 만드는 데 기여하곤 한다.

우리에게 필요한 것은 맥락을 제거한 채 화해를 강요하는 일이 아니라, 지워진 맥락을 복구하는 작업이다. 또한 김지수 기자가 말했듯 "갈등의 맥락을 재배치해 더 나은 언어를 설계"[44]하는 일이다. 갈등이 있다고 외치기보다는 무엇을 고민해야 하는지 정확하게 묻고 대화가 이루어질 수 있는 공론장을 만들어내는 일이다. '젠더 갈등'을 유일한 문제로 지목하지 않고, 현실에서 살아가는 청년들이 피부로 겪고 있는 진짜 문제가 지워지지 않도록 정확하게 말해야 한다. 그들의 문제를 그들의 목소리로 말할 수 있도록 자리를 내줘야 한다.

한국언론진흥재단 미디어연구센터의 2022년 조사에 따르면, "이대남, 이대녀 구분은 성별·세대 갈등과 분열을 조장한다"고 답한 사람이 89퍼센트에 이르는 반면, '이대남'이라는 표현이 자신의 성향을 잘 드러낸다고 본 20대 남성은 19.2퍼센트에 불과했다. 20대 남성을 정치적·상업적 목적으로 악용하고 있는 것 같아 화가 난다는 반응은 여성과 남성 둘 다 과반수를 넘었다.[45]

그렇다면 이대남과 이대녀라는 이름을 붙이고 부르는 건 누구의 목소리인가. 젠더 갈등을 보도하는 기사는 누구를 위해 복무하는가.

언론에 성별이 있다면 무엇인가.

온라인 공간은 균질하지도, 투명하지도 않다.
오늘 논란이 된 그 말은 확대 재생산될 가치가 있는 말이었나.
지금 젠더 갈등은 누구를 위해 복무하는가.

4장

세계의 뒷이야기를 쓰기 위해서

고통과 상실을 겪어낸 한 사람이

잔해 속에서 부러진 나뭇가지를 집어들어

같은 이름의 다른 고통을 막을 수 있는 길을 가리킨다.

슬픔과 우울, 기억의 혼돈 속에서 그들은 뒷이야기를 쓰려 한다.

진상 규명과 책임자 처벌은,

사적인 애도를 겪어내는 이들을 위해

사회가 해줄 수 있는 최소한의 책임이다.

그저 뉴스거리로 끝나는
많은 일들

✖

철조망을 움켜쥔 작은 손, 틈 사이로 쏘아보는 듯한 맑고 검은 눈동자가 보인다. 그렇게 철조망에 다닥다닥 붙은 눈이 여럿이다. 학교 울타리에 매달린 아이들이다. 둔탁해 보이는 촬영 장비를 든 우리의 모습이 흥미로운 걸까. 그들은 우리를 보고 있고, 우리도 그들을 보고 있다. 카메라 기자는 울타리 밖에 서서 학교의 외부 전경을 담고 있다. 프레임 구석에 아이들 역시 조그맣게 찍히고 있으리라.

사건에 대해서라면 아무것도 모를 아이들에게 마이크를 댈 이유가 딱히 없기에, 와이어리스 마이크를 쥔 손을 떨군 채로 살짝 시선을 피한다. 그때 그 말이 들린다. "얘들아, 그만 하고 가자. 저 사람들 좋은 사람 아니야." 성인 남성의 목소리다. 말투가 단호하다. 눈을 들어 말이 들린 쪽을 봤더니 젊은 교사가 양팔로 아이들을 떠밀며 고개를 뒤쪽으로 튼 채 우리를 쏘아보고 있다. 잔뜩 찌푸린 이맛살 아래로 보이는 눈빛 안에 섞인 건, 아, 그렇구나, 차가운 경멸이구나, 라고 나는 금세 알아차린다. 그가 낸 목소리가 자신과 가까이 있는 아이들에게 들리게 하기 위한 성량보다 훨씬 컸다는 사실도 깨닫는다. 아이들에게 말하는 체하지만, 우리에게 직접 말하고 있다.

그 말을 들었던 날은 '도가니 사건'이라고도 불리는 인화학교 성폭력 사태를 취재하던 날이었다. 청각장애인 교육시설에서 일어난 성폭력 사건에 대해 쓴 동명의 소설을 기반으로 한 영화의 제목이 〈도가니〉라 붙은 별칭이었다. 시민단체와 작가, 감독이 각자의 위치에서 다분한 노력을 기울인 끝에, 오래된 사건은 세상의 관심을 끄는 데 마침내 성공했다. 그러니 더 정확히 말하자면, 나는 도가니 사건을 취재하고 있다기보단 영화가 불러온 파장을 취재하고 있거나 그 파장의 일부로 작용하고 있었다.

그렇게 이끌려온 사람은 우리뿐이 아니었다. 인화학교는 영화가 개봉하고 나서부터 반갑지 않은 방문객을 가득 치러내는 중이었다. 경찰, 검찰, 시청과 구청의 공무원, 교육청 관계자, 기자회견을 여는 시민단체까지. 이 모든 사람들, 특히 기자는 인화학교 관련자였을 교사에게는 자신이 소속된 터전을 헤집어놓고 곧 붕괴시킬지도 모르는 사람들로 보였을지 모른다. 한편으론 사실이기도 했다. 인화학교는 소설과 영화가 만들어낸 지진과 언론사가 힘을 보탠 여진으로 인해 결국 폐쇄되었다. 교사의 눈빛에 스민 건 단순한 경멸만이 아니라 공포였을 수도 있다.

그런데도 교사가 툭 떨어뜨리듯이 던진 말은, 떠올릴 때마다 속을 뒤집어 놓았다. '나는 좋은 사람'이라거나 '내가 하는 일은 좋은 일'이라는 헛된 환상 때문인가 싶었지만, 미욱한 환상을 버린 뒤에도 이 말이 주는 기묘한 서걱거림이 남았다.

어떤 직업인이건, 자신이 하는 일을 합리화하는 명분을 헐겁게라도 갖추어 입는 법이다. 말과 글을 업으로 삼는 직종이라서인지 기자의 명분은 화려하고 근사하다. 이 이야기에 따르면, 우리는 진실을 추구하고, 사실에 엄중하며, 국민의 알 권리를 충족하고, 사회의 정의를 수호하고, 민주주의를 지키며, 더 나은 공동체의 담론을 이끌어가기 위해 노력하는 존재다. 무엇보다 타인의 고통을 마주하고 공동체의 연대를 위해서 애쓴다.

나는 이 말들에 대해 잘 안다. 취재 도중에 기자가 하는 일에 대한 반발이 일어나면 언제든 이 이야기를 우아하게 꺼내들고 싸움을 시작할 준비가 되어있다. 그것은 얻고자 하는 것을 쟁취하기 위한 무기이자, 전리품을 손에 쥐고서도 전쟁을 한 번도 치르지 않은 것처럼 표정을 추스릴 수 있는 가면이기도 하다. "좋은 사람 아니야"라는 단순해 보이는 선언은, 틈새 없이 견고해 보였던 이야기의 행간을 비집고 들어와 균열을 내는 것 같았다.

취재원에게 걸려온 전화에서 당신이 쓴 그 기사 때문에 자신의 삶이 아주 곤란해졌다는 말을 들을 때, 당신이야 단독 기사를 써서 좋겠지만 자신에겐 바로 그 기사가 고통이라는 이야기를 마주할 때, 기사의 맥락과 무관하게 싫어하는 언론사 기자라는 이유로 시민에게 갑자기 얻어맞았을 때, 알고 지내던 공무원이 다른 기자가 쓴 기사 때문에 억울하다며 목숨을 끊었을 때, 약을 마신 그가 죽어가며 지르는 소리를 응급실 침대의 커튼 건너편에서 듣고 말았을 때, 저 말을 자주 곱씹었다. 기자가 좋은 사람이 아니고, 기자가 하는 일이 좋은 일이 아닐지도 모른다는 생각을 하며.

　좋은 사람이 아니라는 말은 이렇게도 들렸다. 저 사람들은 고통의 꽁무니를 쫓아다니며 먹을거리가 없는지 훑어보는 승냥이나 다름없어. 우리가 망하면 그 모습을 생중계할 위인들이야. 고통 비슷한 것이라도 내비치면 끝까지 따라와서 가로채려고 할 거야. 듣고 싶은 말을 듣기 위해서는 무슨 수라도 쓸걸. 어떤 말을 하건 입맛대로 편집해서 저희 좋은 대로 쓰겠지. 저 사람들은 그렇게 캐낸 정보를 자기들 배 불리는 데나 이용할 거야. 그러니까 얘들아, 기자들을 조심해. 이리 와, 어서 가자. 가까이해서 우리에게 좋을 게 없단다. 이쪽으로 다가와서 우리에게 뭔가 빼앗아 가도록 두지 말고 어서 몸을 피하자. 저 사람들, 좋은 사람 아니야.

　언론에 대한 불신이 팽배한 현장에 가거나 부정적인 여론을 면전에서 적나라하게 마주하는 일은, 유쾌하다고 할 수 없지만 날것

216　　　　　　　　　　　　　　　　　　　　　　　　　　　4장

의 생각을 알 수 있다는 점에서 유용하다. 상황에 따라 더 드러나고 덜 드러나고의 차이일 뿐, 언론에 대한 불신은 사실 한국 사회 전체에 얇게 깔려있다고 봐도 무방하다.

드러나 있을 때가 차라리 덜 두렵기도 하다. '참기자', '개념 기자', '진정한 언론인'이라며 치켜세워 주는 말조차도, 다른 '기레기'들과 다른 기자라는 뜻으로, 기자 집단에 대한 전반적인 혐오가 깔려있는 말로 들리기도 한다. 언론이 실패하거나 실수할 때면 '너희가 그럼 그렇지'라는 냉소가 따라온다.

불신과 분노, 혐오와 조롱이 복잡하게 뒤섞인, 기자를 보는 마음은 어디에서 기인한 걸까. 짚이는 이유를 불러내 보자면 이렇다. 정파적으로 편향된 기사, 취재가 부족한 기사, 사실을 왜곡하는 기사, 오보, 비윤리적인 일부 취재 관행들. 게다가 셀 수도 없이 많은 매체가 생기고 어뷰징 전문 업체까지 생긴 상황도 뉴스에 대한 사용자 경험을 악화시키고 있다. 숱한 요인에 대한 사람들의 반응을 뭉쳐서 요약하면 이렇게도 말할 수 있을 것 같다. 기자들은 제대로 해내지 않으면 큰일 날 일을 하면서도 그 일을 제대로 못 하고 있다, 라고.

고통을 겪은 사람, 타인의 고통을 살피며 놀라워하고 싶은 사람, 남의 사정이 궁금해 엿보고 싶은 사람, 제 안전을 위한 거울로서 타인의 고통을 속속들이 따져보고 싶은 사람, 공감 능력을 확인하고 싶은 사람, 사회를 개선해야 하는 사람. 그들의 공모를 거쳐 뉴스의 수요층이 완성된다. 그 시장에 화답하는 게 뉴스 산업이다. 그래서 우리는 고통을 재현한다. 타인의 고통과 슬픔, 죽음과 질병, 욕망과 성취, 불운과 행운, 실패와 성공, 절망과 희망, 폭력과 피해, 위험과 불안전, 권력과 이해관계, 공인의 사생활 같은 것들을 소재 삼아 일을 한다.

인간들이 살면서 만들어내는 부산물 중 폭력적이고 고통스럽다고 여겨지는 것, 탁하고 딱하고 불안하고 음침하고 더럽고 가여운 것이 뉴스라는 산업의 생산라인 위로 끊임없이 흘러간다. 기자는 생산라인 앞에 선 일꾼이다. 다루기 까다로운 소식을 집어들고 타인에게서 타인으로, 잇고 연결시키고 전달한다.

신중해야 하지만 빨라야 하고, 시의적절하면서도 정확해야 한다. 기본적으로 신선함도 갖춰야 한다. 뉴스가 바라는 새로움과 시의성의 바닥을 살피면, 깊은 곳에 센세이션이 자리하고 있다. 수요층을 가장 골고루 건드린다고 통상 여겨지는 건 센세이션일 것이기 때문이다. 이 과정에는 상황과 시대에 따라 시시때때로 달라지는 윤리적 기준도 개입한다. 혐오 표현인 '기레기'라는 멸칭은 상황을 나아지게 할 수 없다는 낙인이며, 저널리즘의 실패 사례를 개선하는 데 전혀 도움을 주지 못한다. 그럼에도 기자에 대한 불신 앞에서는, 기레기라는 오명의 발원지 중 하나일 언론이 고통을 다루는 방식에 대해서, 또 그 효과에 대해서 늘 다시 한번 생각해 보게 된다.

다시 도가니 사건의 취재 현장으로 돌아가보자. 적개심 어린 교사의 눈동자 안으로. 교사의 눈빛 안에 있던 경멸 혹은 공포는, 자신의 고통을 채집하러 온 우리에 대한 원망이었거나 기존에 가지고 있던 언론과 기자에 대한 불신에서 나왔을 것이라고 본다. 그리고 얼마간은 우리가 무언가를, 어쨌거나 할 수 있다고 믿고 있었을 거라는 생각이 들기도 한다. 카메라를 들고 마이크를 든 우리가 학교 주변을 맴돌며 무언가를 해낼 것이고, 그건 자기에게 해로운 일일 것이라고 말이다.

나중에 학교가 폐쇄된 건 사실이지만, 실은 당시 나는 정반대의 생각을 하는 중이었다. 우리가 할 수 있는 게 거의 없고, 사건이 그 지점으로 가기까지 우리가 한 일이 거의 쓸모가 없었다는 생각. 인화학교에 취재를 가기 전날, 내가 입사하기 전에 일어난 이 사건을 아무도 취재한 적이 없는지 문득 궁금해졌다. 왜 이제서야 이 난리가 난 걸까. 책이며 영화로 나오고 나서야.

회사 내부 시스템을 통해 예전 기사를 검색해서 출력했더니 책 한 권으로 묶을 수 있을 정도로 두툼한 양의 기사가 쏟아져 나왔다. 취재를 하지 않은 게 아니었다. 끝까지 팠다 싶은 기사가 있었던 건 아니지만 현장을 외면하지 않았다는 것 정도는 알 수 있었다. 뉴스로 이미 다뤘지만 문제를 해결하지 못했을 뿐이다.

영화 〈도가니〉는 인화학교 성폭력에 대한 영화다. 실화를 바탕으로 한 소설을 각본으로 재구성해 배우들이 연기를 했다. 사건에

연루됐던 사람들을 토대로 구축된 캐릭터들이 화면 안에서 살아났다. 사람들이 감정을 이입하기 좋은 상태가 됐고, 영화를 본 사람들은 즉각적으로 연민과 분노를 표출했다. 교육청에 전화가 빗발치고 웹사이트 게시판이 항의 글로 가득 찼다.

인화학교 성폭력의 피해자들은 청각장애 아동이었다. 현실에서 아이들 진술의 신빙성을 두고 갑론을박이 벌어졌던 것과는 달리, 영화를 본 사람들은 가상의 인물을 경유하는 매끄러운 방식으로 사건을 받아들이고 이해할 수 있었다. 고통을 대리 체험하게 한 것, 이것이 변화의 단초였다. 영화는 뉴스가 하지 못한 일을 해냈다.

〈도가니〉가 불러온 뒤늦은 변화와 정의 구현이 반가웠지만, 동시에 기자로서 이 현상을 어떻게 해석하고 받아들여야 할지에 대해서는 약간 막막했다. 뉴스가 해야 할 일을 뉴스로는 해내기 어려운 현실을 보고 있는 것만 같았고, 동시에 이런 변화를 만들어내지 못한다면 뉴스가 무엇을 하는 건지 답답하기도 했다.

시인이자 평론가였던 베르톨트 브레히트[Bertolt Brecht]는 1931년에 이미 "포토저널리즘이 엄청나게 발전했지만 실제로 이 세계의 조건을 둘러싼 진실을 드러내는 데 기여한 바는 전혀 없다"[46]고 했는데, 참 냉소적이기 그지없는 말이지만, 도가니 사건을 취재하던 당시에는 이 말을 뉴스에 대한 것으로 이해한다고 해도 크게 다르지 않게 느껴지기도 했다.

둘의 차이는 뭐였을까? 방송 뉴스와 영화, 두 영상 매체 모두 인화학교 성폭력 사건을 다루었다. 사람들은 한쪽에 훨씬 크게 반응했고 변화가 일어났다. 영화가 감정을 불러일으키는 데 보다 효과적인 매체였기 때문일까? 혹은 픽션인 영화가 전체 사건의 그림을 그릴 수 있도록 도와줬기 때문일까? 화면 연출과 효과음, 배우들의 연기가 어우러진 보다 생생하고 실감 나는 고통의 스펙터클 때문이었을까? 철저히 이야기로 변한 이 재현은 픽션답게 인물과 사건을 납작하게 만들기도 부풀리기도 하며 단순화한 걸까? 그래서 우연히도, 도리어 전하고자 하는 본질을 상하지 않게 보호한 걸까? 사람들의 머릿속에 있는 선인과 악인의 지도를 따라가는 익숙한 이야기 안에 핵심을 잘 뭉쳐 숨겨 넣어서?

픽션까지 예시를 끌고 갈 것도 없이 큰 반향을 불러일으키며 변화를 이끌어낸 예는 논픽션에도 있다. 넷플릭스에서 공개된 다큐멘터리 〈나는 신이다〉는 엄청난 관심을 이끌어냈다. 다큐멘터리로서는 드물게 공개되자마자 플랫폼 내부 차트 1위에 등극했다. 사이비 종교인 기독교복음선교회(통칭 JMS) 사건이 공론화된 건 오래전이었지만 그렇게 큰 대중의 반응이 따라온 건 거의 처음이라고도 할 수 있었다. 이원석 검찰총장도 이례적일 정도의 공분에 반응해, JMS 총재인 정명석 씨 공판과 관련해 "범행에 상응하는 엄정한 형벌이 선고돼 집행될 수 있도록 공소 유지에 최선을 다하라"고 대전지검장에 지시했다.[47] 대형로펌인 법무법인 광장이 정명석 변호인단에서 사임하기도 했다.[48] 프로그램이 제 역할을 한 셈이고, 환영할 만한 상황이었다.

그런데 그 성공담 안에는 성폭력에 대한 유례없는 적나라한 묘사와 사건의 과도한 재연이라는 요소가 불청객처럼 슬그머니 끼어 있었다. 〈나는 신이다〉는 공중파 PD가 넷플릭스라는 OTT 와 합작해 만든 다큐멘터리다. 미디어오늘과 인터뷰한 SBS PD 는 "OTT는 표현의 자유도 다르고, 다룰 수 있는 수위도 다르다. OTT도 지상파에서 못 하는 걸 원한다"고 말했다. 이 기사를 쓴 정철운 기자는 "방송심의라는 벽에 부딪히지 않는 OTT는 OTT 콘텐츠에 익숙한 젊은 PD들에게 해방구 같다"고 평한다.[49] 세간 에서는 공중파도 못 해낸 일을 심의에서 더 자유로운 넷플릭스 다 큐멘터리가 해냈다는 상찬도 나온다. 선정성 논란과 관련해서는 현실이 그만큼 끔찍했다는 설명이 따라붙는다. 〈나는 신이다〉의 조성현 PD는 "실제 수위의 10분의 1 정도밖에 다루지 못했다"며 논란을 일축한다.[50]

그렇다면 이런 식의 넷플릭스화된 다큐멘터리가 우리의 미래 인가? 이상하다. 지나친 스펙터클은 윤리적 지탄의 대상이 되지 만, 모순되게도 사회의 변화를 위해서 조금씩 더, 자꾸 더 많이 고 통을 스펙터클하게 보여주어야 한다고도 한다. 넷플릭스가 허가 한 고수위의 재현과 플랫폼 자체의 화제성은, 이 모든 것을 한 덩 어리로 보이게 해서 원인과 결과를 좀처럼 해부해 내기 어렵게 한다. 자극적인 재현일수록 효과가 있는지는 또 다른 논쟁거리겠으나, 효과가 있으면 과정의 문제는 덮겠다는 결과 지상주의로 흐르는 것 역시 문제다. 40년간 은폐되어 온 JMS 사건에서 〈나는 신이다〉가 실증하거나 재현할 수 있는 장면은 숱하게 많았을 것이다. 서동진 교수가 비평을 통해 지적했듯, 이런 끔찍한 범죄를 가능하게 한 핵심인 사이비 종교의 환상이 어떻게 만들어지고 구축되었는지를 자세히 그려낼 수도 있었다.[51] 그러나 〈나는 신이다〉가 선택한 장면들은 공교롭게도 자극적이었고 얄궂게도 피해자의 대역이라며 젊은 여성의 신체를 선정적으로 보여주는 방식이었다.

슬라보예 지젝Slavoj Zizek은 '시민적 삶의 표식인 서사화할 권리'[52]에 대해 말한 호미 바바Homi K. Bhabha를 빌려 인간에게는 고통을 표현할 수 있는 특별한 내러티브를 정식화할 기본적인 권리가 있다고 했다.[53] 많은 경우 언어와 기술, 자원은 동등하게 주어져 있지 않다. 자신의 고통을 더 잘 말할 수 있는 계층과 계급, 무리가 정해져 있게 마련이다. 고통을 잘 말한다는 건 그러니, 때론 부족한 자원을 두고 벌이는 각축전에서 우위를 점하게 하는 방법론이 되기도 한다.

언론은 그 사이에서 균형을 잡는 역할을 해야 한다. 언론이 과연 약자를 '대신해서' 말을 하는 게 적절하고 정당하냐는 것 또한 현재 업계 안에서 논쟁이 벌어지고 있는 내용이지만, 현실적으로 언론의 이러한 역할이 필요한 사람들 역시 존재한다. 그러니 재현의 범위와 효능의 저울질에 대해서 말할 수 있는 것도 오로지 약자를 위한다는 전제 아래에서일 것이다.

그렇지만 우리는 정말 약자를 위해서 말하고 있나. 자신의 고통을 특별한 서사로 만들어줄 것을 기대하며 취약한 부분을 드러낸 사람들을 제대로 지키고 보호하고 있나. 뉴스 뒤에 이어질 그 사람의 삶을 충분히 고려하고 있나. 모자이크를 하면 될까. 이름을 가려주면 그만일까. 재연 배우를 썼다면 조금 더 과감하게 카메라를 움직여도 되는 걸까. 나는 다시 저울을 들고서, 보여줌의 효용성과 유해성 사이에서 취해야 할 균형이 무엇인지를 따져보게 된다.

뉴스라는 텍스트는 무엇을 유도해야 할까. 기자는 사진과 영상, 글을 통해 보이는 부분과 보이지 않는 부분을 나란하게 독해해 주어야 한다. 왜 이런 일이 일어났고, 누가 이런 일을 일어나게 했고, 무엇이 문제가 되고 있는 상황인지 말이다. 감춤이 없어야 하고, 맥락을 읽어야 하고, 불편부당한 정보를 줘야 한다. 뉴스는 세계의 수수께끼들을 보여주지만, 모든 해결책을 가지고 있지는 못한 불완전한 매체다. 단순히 뉴스를 보는 것만으로 멈추지 않도록 해야 하는데, 이에 대한 책임은 기자와 시청자 둘 다에게 쥐어져 있다.

그리하여 언론의 독해를 다시 독해하여 어떻게 문제를 개선할 수 있는지를 논의하는 것은 공동체의 몫이다. 독자에게 윤리적 책임을 떠넘기려는 게 아니라, 그들 손에 달려있는 행동의 가능성에 간절한 희망을 걸어보는 것에 가깝다. 이 지점에서 《타인의 고통》을 쓴 비평가 수전 손택$^{Susan Sontag}$의 날카로운 분석을 떠올린다. 연민은 우리의 무능력함과 더불어 무고함을 증명하기에 "우리의 선한 의도에도 불구하고 어느 정도 뻔뻔한 반응"이며 타인에게 연민만을 베풀기를 그만두는 일이야말로 우리의 과제라는 손택의 말은 행동을 촉구한다. "고통스러운 이미지들은 최초의 자극만 제공할 뿐"이기 때문이다. 손택은 이로써 "스펙터클이 아닌 실제의 세계를 지켜나가야 한다는 논증"을 하려 했다.

이 오래된 지적에 몇 마디를 덧붙이고 싶다. 난무하는 폭력의 이미지 안에서 무기력해지는 건 이미 시대의 기본값이 되었다고. 여전히 더 센 것을 보여줘서라도 그 둔감함을 자극하려는 세태가 이어지고 있다고. 그 안에서 기자나 독자 둘 다 길을 잃지 않기 위해서는 부단한 자기 단속이 필요한 시대가 되었다고. 뉴스가 왜 만들어지고, 뉴스를 왜 보고 있는지를 잊지 않기 위해선.

오늘도 뉴스가 준비되고, 인터넷과 스크린, 가판대 위로 뿌려진다. 화면과 지면에 어김없이 고통이 등장한다. 고통의 전시는 사람들을 불러 모은다. 여기 문제가 있어요, 여기에 썩어가고 있는, 썩어 문드러져 가고 있는 문제가 있어요, 엄청나게 심각한 문제입니다, 피해자가 여기에서 죽어가고 있어요, 라고 소리치며 사람들을 불러 모은다. 사람들이 모여든다. 모여든 사람들이 웅성거리며 고통의 끔찍함에 대해서 이야기를 주고받는다.

언어와 이미지는 수신자에게 그 안에 담긴 정보를 알려주는 동시에, 언어와 이미지의 생산자가 느낀 감정 역시 전염시키려 한다. 특히 고통의 전달은 필연적으로 보는 사람들에게 도움을, 혹은 공감과 연대를 요청한다. 때론 문제를 해결하기 위한 일시적 공동체가 꾸려진다. 그 느슨한 연대는 문제를 해결하기 위해서 모였다는 사실만으로도 뿌듯함을 다해 동력을 잃기도 하고, 아무런 변화를 만들어내지 못했다는 사실에 깊게 상처받고 와해되기도 한다.

그래도 드물게, 크고 작은 문제들이 매듭지어지는 순간들이 있었다. 그래서였을까. 뉴스룸의 속보 경쟁에서 내려와 직접 카메라를 들고 다큐멘터리를 만들었을 때도 결국 고통이 보였다. 좋은 사람이 아니게 될 가능성을 겁내면서도. '직업의 땔감'으로 고통을 다루고 있는 건 아닌지 되묻게 되었지만 그쪽으로 자연스레 다시 눈이 갔다. 연민을 느껴서? 외면할 수 없어서? 해결해 보고 싶어서? 숱한 사례 중에 바로 이게 지금 이야기되어야 할 시대적 문제라는 판단이 들기 때문에?

아직 답을 다 찾지는 못했고, 여전히 타인의 고통을 집어들어 바라보고 있다.

뉴스는 세계의 수수께끼들을 보여줄 뿐,
모든 해결책을 가지고 있지 못하다.
행동의 가능성은 예전에도 지금도
공동체에 달려있다.

연민이 세상을
바꾸지 못한다고 해도

✖

거뭇한 연기가 물안개처럼 자욱이 피어오르는 길 위로 기자들이 갈팡질팡 뛰어다닌다. 비가 내리는 사고 현장 주변에 서있는 사람들을 붙잡고 혹시 사고가 나는 순간에 영상을 찍었는지 묻는다. 차량 안 블랙박스 영상에 사고 당시 화면이 찍혀있는지 확인해 달라고 부탁한다. 그런 풍경 뒤쪽으로 소방 헬기가 산산조각 난 채 도로변에 처박혀 있다. 폴리스 라인에 몸이 닿을 정도로 바짝 붙어 현장을 지켜보는 사람들이 즐비하다. 우산을 받쳐들고 모두 한 곳을 바라보고 있다. 불타는 기체를.

그날의 사고는 도심 한복판에서 발생했다. 하늘에서 추락한 헬기가 버스 정류장 인근 도로변에 내리꽂혔다. 헬기에 타고 있던 소방대원 5명이 순직하고 버스 정류장 근처에 서있던 여고생까지 부상을 입었다. 사고가 난 곳은 주변에 초등학교가 2개, 중학교와 고등학교가 각각 1개씩 있는 인구 밀집 지역이었다. 대형 인명 피해로 이어질 수도 있었던 데다, 세월호 참사 지원 활동을 다녀오던 헬기였다는 사실이 알려지며 많은 방송사가 이 소식을 속보와 메인 뉴스로 다뤘다. 취재 현장에서 돌아오니 이미 뉴스 속보 영상이 나오고 있었는데, 보도국 사무실 모니터로 뉴스를 보던 기자 중 한 명이 적나라한 사고 화면을 보며 "아이고, 그림이 참 엄청나군"이라며 말끝을 흐렸다.

기자들이 현장에서 구할 수 있었던 영상은 꽤 많았고, 화질도 선명했다. 도로 바로 옆에서 난 사고라 주차된 차나 신호 대기 중이던 차의 블랙박스에 찍혔고, 스마트폰과 CCTV 영상까지 확보했다. 회사의 제보 창구로도 목격자 영상이 속속 들어왔다. 흐린 날이었지만 사고 시간이 오전 11시 무렵이라 화면은 적당히 환했고, 정황을 알아보기에 무리가 없었다.

쓸 수 있는 영상이 많았기에 다양한 각도에서 찍힌 사고 장면이 실제보다 훨씬 길게, 때로는 천천히, 여러 번 되풀이하여 편집됐다. 헬기가 약 80도 경사로 기울어 급속도로 추락한다. 땅에 충돌한다. 학원과 상가 건물 사이로 짙은 먹색 연기가 뭉게구름처럼 피어오른다. 망가진 기체가 화염에 휩싸인다. 사고를 가장 생생하게 보여주는 장면이었다.

우연히 여러 조건이 맞아떨어져 당시의 이미지가 많이 남게 되는 사건 사고들이 있다. 그날 사고가 그랬다. 정해둔 규칙이나 대본이 있는 것도 아닌데, 편집점은 모두 비슷했다. 기사는 추락 장면을 고스란히 담은 블랙박스 화면으로 시작했고, 기사보다 빠르게 사건을 소개하고 알려야 하는 뉴스 예고나 속보도 어김없이 같은 영상을 사용했다. 짧고, 강렬하고, 현란할 정도로 적나라해 눈길을 끌었다.

이런 영상들은 일단 구하게 되면, 혹은 찍게 되면 쓰지 않기가 더 어렵다. 편집은 쓸데없는 부분을 털어낸다. 편집된 뒤엔 일부분이 부각되고, 강조되고, 반복된다. 그날 사고의 이미지는 여러 날에 걸쳐 언론사 뉴스 채널과 소셜미디어를 회전했고, 수년이 지난 뒤에도 유튜브에 남아 당시의 사고를 대변하게 됐다. 이 일화를 떠올린 이유는 특별해서가 아니다. 이건 오히려 기자들이 기사를 만드는 아주 평범하고 심상한 과정이다. 우리는 고통도 잘 편집하려고 하니까.

뉴스를 만들 때 기자들은 어떤 시청자를 상상할까. 뉴스는 인간의 어떤 조건을 전제하고 또 고려하며 만들어질까. 처음 기자가 되어 선배들에게 으레 듣게 되는 말을 되짚어 보면 이와 같은 질문들에 대한 답이 지독히 현실적이라는 사실을 깨닫는다. "초등학교 6학년도 알아들을 수 있을 정도로 최대한 쉽게 써라", "화면에서 등을 돌리고 설거지를 하다가 흘깃흘깃 돌아보는 정도로 보고 있다고 생각하고 제작해라". 독자 한 사람 한 사람의 상황이 다르고 문해력 수준이 다양할 수 있으니, 최대한 쉽게 써서 더 많은 사람들이 이해할 수 있도록, 집중도에 대한 기준점도 낮게 잡아 어떤 상황에 있건 귀에 들어가도록 쓰라는 말이다.

이 말들은 뉴스의 독자를 일괄적으로 단정하지 않고, 문턱을 낮춰 시청자의 외연을 넓히려는 전략적 의도에서 출발하고 있다고 생각한다. 더 많은 사람에게 가닿으려는 동시에, 누구나 접근이 가능하도록 하는 것이다. 시청률로 계량되곤 하는 영향력과 정보가 공공재라는 것을 동시에 의식한 접근이다.

그렇다면 시청자라는 단어가 거대한 그물로 느슨히 감싸안는 실제의 개인들, 더 구체적으로는 종합편성 방송사들이 제일 중요하게 다루는 저녁 종합 뉴스를 보는 시청자의 모습을 상상해 보자. 하루의 일과를 끝내고 저녁을 먹거나 저녁 먹은 자리를 치우고 있다. 밥 먹기도 지쳐 이불 위에 누워있다. 일을 덜 끝냈거나 교대근무 때문에 야근을 하는 중일 수도 있다. 다들 먹거나 일하거나 쉬기 바쁘지만 세상이 어떻게 돌아가는지는 둘러보자며 뉴스를 켠다. 뉴스 직전이나 직후에 하는 프로그램을 놓치지 않으려고 텔레비전을 틀어뒀다가 우연히 마주치기도 한다. 어쩌면 1인 가구든 핵가족이든 각자가 스마트폰으로 뉴스 앱의 속보 알림을 받고, 언론사의 소셜미디어 계정이나 유튜브 계정, 포털 사이트에 떠다니는 뉴스 조각, 라이브 스트리밍을 우연히 발견하는 상황을 떠올리는 게 더 현실적이겠다.

여차여차해서 뉴스가 시청자에게 겨우 닿았다고 하더라도 일정 시간 이상 시선을 머물게 하기란 어려운 일이다. 순간순간 관심과 주의력을 앗아가는 경쟁자들이 얼마든지 있다. 누군가 말을 걸 수도 있고, 손에 들려 있는 스마트폰에서 쉴 새 없이 알림창이 뜰 수도 있다. 소셜미디어의 댓글과 좋아요 알림, 직장과 학교에서 돌아온 뒤에도 우리를 놓아주지 않는 단체 채팅창의 알림, 게임의 푸시 알림은 더 많은 보상과 더 직접적인 연결을 약속하며 앱 안으로 접속해 주길 조른다.

이뿐인가. 자극을 원하는 뇌는 소셜미디어 타임라인에 무슨 일이 있는지를 새로고침하고, 그러다 보면 이윽고 좋아할 수밖에 없는 놀라운 일들을 눈앞에 떠밀어 주는 알고리즘에 몸을 싣고 아득한 웹의 바다를 서핑하게 될 수도 있다. 문득 집중해서 본다고 해도, 기본적으로는 남의 일이니 무관심할지도 모른다. 이 정도가 뉴스가 상상하는 배경 세계다.

방송 뉴스는 이런 경우의 수를 모조리 염두에 둘 정도로 시청자층을 광범위하게 잡는다. 뉴스는 인간에게 시간과 집중력, 관심이라는 자원이 한정적으로 주어져 있다는 것을 인정하는 매체다. 이를테면 저녁 종합 뉴스의 경우에는 한 시간 안팎으로 그날의 사건을 압축한다. 뉴스를 본 사람들이 공동체 안에서 충분한 정보를 가지고 생활하고, 시민으로서 사회적 판단을 내릴 수 있도록 해주고, 주변인과 교류하기 충분할 정도로 대화 소재를 제공하며, 세상의 기쁨과 슬픔까지를 골고루 알게 하는 일을 해내야 한다. 제한된 시간 안에 최다를 포섭해 최대 효용을 내야 한다.

그러다 보니 여러 소식을 짤막하게나마 골고루 한꺼번에 전달하는 편집 방식이 탄생했다. 때로 깊이는 얕아지고 소식을 나열하는 데 그친다며 '백화점식 편집'이라고 낮잡아 불리는 매거진식 편집이다. 무디고 낡은 틀로 괄시받고 '개선'이나 '개혁'의 대상으로 도마 위에 올려지곤 하지만 효율 면에서 얼른 포기하기도 어려운 오랜 방식이다.

그러니 하이라이트를 추리고 나열하는 현상은 비단 개별 기사 안에서만 일어나는 사건이 아니다. 뉴스 편집은 여러 분야에서 잘 추려낸 소식들을 대개 1, 2분 정도로 축약하고, 큐시트에 쭉 뿌려 놓는다. 그 안에서는 뉴스끼리 각축을 벌인다. 그날 벌어진 일 중 중요한 일로 꼽히고 꼽혀 모인 뉴스들이다. 뉴스 가치 및 매체의 논조와 이해관계, 취재 데스크와 편집 데스크, 기자의 성향을 모두 고려하여 정교한 조율이 이뤄진다.

중요한 소식은 '톱뉴스'가 되고 무게감이 비교적 가벼운 뉴스들은 뒤로 배치된다. 무엇을 먼저 보여줄 것인가, 어떤 방식으로 뉴스를 나열할 것인가에 대한 고민에는 시청자 이탈에 대한 염려가 늘상 따라온다. 뉴스가 시작될 때쯤 뉴스를 틀고 자리에 앉은 사람들이 재미가 없으면 중간에 일어나 우수수 빠져나가는 광경에 대한 상상이 담겨있다. 게다가 이제는 이 큐시트가 인터넷 안에서 풀어 헤쳐져 돌아다니는 상황도 고려해야 한다.

짧은 시간 안에 주의를 끌어야 한다는 매체들의 강박은, 어쩌면 생래적이다. 마치 흩어져 버리고 말 것을 안간힘을 다해 그러모으듯이 관심을 끌려 한다. 언론 비평가들의 지적에도 불구하고 자사의 기사에 '단독'을 남발하여 붙이게 되는 것도 같은 맥락일 것이다.

시청률은 이런 애씀과 불안 사이에서 자주 등장한다. 뉴스 시청률이라는 지표는 뉴스가 상품 자본으로써 회사에 어떻게 기여할 수 있는지를 증명하는 도구다. 특수한 자본 구조를 가지지 않은 대다수의 언론사는 광고 수익을 기반으로 유지되며, 광고 시장에서의 단가는 이 숫자와 밀접하다.

그러나 그뿐만은 아니다. 시청률은 불완전하고 간접적인 방식으로나마 뉴스의 영향력을 가늠하는 수치이기도 하다. 뉴스가 얼마나 큰 파괴력으로 대중의 관심 또는 무관심을 파고들었는지, 언론사가 중요하다고 정한 어젠다가 얼마나 이목을 끌었는지를 초 단위로 보여준다. 뉴스룸에서 방송사별 시청률 비교 차트를 만들어 날마다 시청률을 언급하는 까닭 중 하나다. 그 차트에서는 세대별, 성별, 지역별로 어떤 뉴스에 반응했고, 어떤 뉴스에서 시청자들이 빠져나갔는지가 그려진다.

시청률에 더해 인터넷 조회 수 역시 같은 맥락에서 신경 쓰이는 숫자다. 언론사들의 소셜미디어 계정이나 포털에서 조회 수는 확실한 숫자로 기록된다. 숫자가 가지는 명징함은 무시하기 어렵다. 게다가 숫자는 숫자를 낳는다. 인터넷에서 사용자들이 많이 보거나 자주 공유된 기사들은 사람들에게 노출될 기회를 더 얻게 된다.

테크 기업들이 앞다투어 쇼츠나 릴스, 틱톡과 같이 화려하고 산발적인 편집으로 대표되는 짧은 호흡의 포맷을 개발할 때, 레거시 미디어들도 조회 수를 많이 기록할 만한 짧은 하이라이트 영상을 주섬주섬 들고 등장하는 게 이런 이유다. '디지털 혁신'을 시도하거나 흉내라도 내려는 언론사들이 늘어나면 늘어날수록, 뉴스라는 제품이 고려해야 하는 변수와 복잡성이 점점 커진다.

지금 뉴스가 놓인 가정과 전제, 환경은 뉴스의 내용에 어떤 영향을 미칠까. 많은 사람이 관심을 가질 만한 이슈를, 이목을 끄는 이미지를 써서, 화제가 될 수 있는 방향으로 다루는 데서 벗어나기가 쉽지가 않을 것 같다. 적어도 전반적인 경향성이 그쪽으로 치우치게 된다.

단순히 매체들이 조회 수 장사에만 혈안이 되어있고 극히 비윤리적이라서가 아니다. 이 경향은 영향력을 확장하여 세상을 바꾸고자 하는 매체의 욕망, 사회 정의 실현을 위해 효과적인 뉴스를 만들겠다는 기자의 선한 다짐들과도 분리하기 어렵다.

그러나 고통의 하이라이트만 모아 나열한 뉴스가 끊임없이 이어진다면, 이걸 지켜보는 일은 인간의 마음에 어떤 영향을 미치게 될까. 피로감 때문에 고개를 돌리는 사람만 늘어날까 봐 노파심이 든다. 사회의 환부를 드러내서 치료하고 싶었던 것일지라도, '트리거 워닝', '둠스크롤링'과 같은 신조어를 쓰며 꽤 우아하게 고개를 돌려버리는 사람들을 붙잡는 건 무리일지도 모른다.

뉴스는 숱한 고통 하나하나에 빛을 비춰주지만, 다음 소식을 바쁘게 생산해 예전 소식을 밀어내는 기능을 하기도 한다. 이쯤 되면 생산자에게나 소비자에게나, 최소한의 시간을 할애해 타인과 사회 정의를 신경 쓰고 있다는 만족감과 효능감을 주는 치밀한 알리바이, 또는 면죄부로써 뉴스가 존재하는 것은 아닐까 싶어 서글퍼진다.

그렇다면 기자들은 시청자들이 뉴스를 본 뒤에 어떤 일이 일어날 것이라 상상하며 뉴스를 전할까. 사람들이 몸과 마음을 기울여 무슨 일이 일어났는지 찬찬히 보고 들어줄 가능성. 대개 자신의 일로 꽉 차있을 머리에 다른 사람의 아픔이나 소식을 끼워 넣고 염려해 줄 가능성. 다 보고 난 뒤에도 기억해 줄 가능성. 뒷이야기를 계속해서 듣고 싶어 할 가능성. 나아가 뒷이야기를 새로 쓰기 위해 적극적으로 개입해 줄 가능성. 줄여 말하면 행동과 변화의 가능성.

희망에 찬 가능성의 목록을 쭉 나열해 보다가, 얼굴조차 알지 못하는 누군가에게 이런 걸 바란다는 게 얼마나 턱없는 일인가 싶어 아연해지고 만다. 뉴스는 지극히 현실에 발을 디딘 채 만들어지지만, 또 한편으로는 더없이 순진한 희망에 기대어있는지도 모르겠다. 이 소식을 전했을 때 사람들이 들어줄 것이고, 이로 인해 세상이 약간 변할 수도 있다는 천연덕스러운 믿음. 이걸 믿는 일은 정말 가능한가?

"진정으로 어려운 건 사람들이 관심을 가질 것이라 믿을 만큼 인간성에 대한 충분한 신념을 가지는 것이다." 전쟁의 참상을 전하다 한쪽 눈을 잃었고, 결국 목숨까지 잃은 종군기자 마리 콜빈 Marie Colvin의 말이다. 그 뒤에 덧붙이고 싶은 말이 있다. 짤막한 소식의 파편들을 들고 한계가 분명히 보이는데도 이걸 왜 만들어내고 있는 걸까 곰곰이 들여다보면, 사람들에 대한 신념이나 믿음보다 오히려 더 자주 떠올리게 되는 건 '반응의 자유' 쪽이다.

한 고통과 마주쳤을 때, 우리를 크게 흔드는 이미지를 만났을 때, 우리는 공감하며 크게 감응할 수도 있고, 곧 잊어버릴 수도 있다. 연민을 느끼고도 아무것도 할 수 없어서 무력감이나 죄책감을 느낄 수도 있고, 너무 많은 타인의 고통에 질려 눈을 돌릴 수도 있다. 분노한 나머지 공격적인 말들을 쏟아낼 수도 있고, 눈물을 흘릴 수도 있다. 무엇이라도 행동하지 않으면 견딜 수 없어질 수도 있다. 행동은 절대선처럼 여겨지는 경향이 있지만, 행동이라고 해서 다 맞는 것이 아닐 수도 있다.

일상을 살아가며 연민을 잊지 않는 일에는 노력이 필요하고, 그 균형과 전환 사이에서 기이한 파열음이 나는 게 전부일지도 모른다. 그러나 세상의 변화라는 건, 개인들의 자유로운 반응 속에서 일어나는 예기치 못한 화학작용이 사회에 영향을 미치며 발생하는 것인지도 모른다. 희망도 절망도 없이 그 자유를 지켜볼 수 있을지를 더 자주 곱씹어보게 된다.

각자의 시선이란 잔인할 정도로 개인적이고, 우리의 망막에 고인 타인의 고통은 아무리 자극적이어도 눈물 한 방울 내지 못한 채 사라져 버릴지도 모른다. 그러나 방 한구석에 던져 놓은 신문 뭉치처럼, 세상에 존재하는 하나의 새로운 물건을 만들듯이, 시야 어딘가에 머무르다 펼쳐보게 될 가능성이 있는 무언가라고 생각하며 되도록 조금 더 천천히, 더 담담한 뉴스를 만드는 건 어떤가. 빨리 시선을 잡아채는 것이 반드시 변화를 약속해 주지 않는다는 사실을 학습한 지 오래이니, 오래 걸리더라도 있어야 할 것, 알아야 할 것, 알려야 할 것을 균형 있게 생산해 내는 매체로 머무는 건 어떤가.

그러고 보면 역사가 늘 전진하고 진보한다는 세계관을 더 이상 믿을 수 없게 된 세상 아닌가. 연민이라는 감정 하나로는 세상이 바뀌지 않는다는 걸, 행동을 촉발한다고 해도 완벽할 수 없다는 걸 떠올리다 보면 생산자는 최대한 감정을 자극해야 한다는 압박

세상의 변화는,
연민보다도 자유로운 개인들 사이의
예기치 못한 화학작용으로 발생한다.

감을 내려놓고, 소비자는 마음을 온전히 포개는 데 또 실패했다는 패배감을 덜 느낀 채로 뉴스를 생산하고 소화할 수 있게 되지 않을까.

언어, 계급, 인종을 넘어서는
보편적인 언어

✖

샌프란시스코 텐더로인^{Tenderloin} 지역은 색채부터 다르다. 옹기종기 모인 작은 집, 가파른 언덕의 등고, 바닷가를 오르내리며 다채로워져 가던 도시의 빛깔은 샌프란시스코 다운타운의 지역 중 하나인 텐더로인에 이르렀을 때 그 농담이 가장 짙어진다. 어둑한 길바닥 여기저기 노숙자들이 드러누워 있다. 마약에 절어있는 그들은 정신이 비교적 맑아질 때쯤 비척비척 일어나 물과 마약을 구하기 위해 헤매거나, 자원봉사 단체들이 나눠주는 식사를 먹기 위해 노상 테이블에 앉는다.

시간은 대중없다. 해가 뜨거나 저물어가는 일은 그들의 생체 시계에 그다지 영향을 미치지 못한다. 마약이 몸 안에서 활성화됐다가 잦아드는 주기만이 유일한 시계라고도 볼 수 있다. 거리 아무 데나 분변이 가득하다. 그 분변이 개의 것인지 인간의 것인지 분간할 새도 없이 거리를 걷는 신발 밑창이 더럽혀지고 만다.

그 여름, 미국 언론사에서 프리랜서 시네마토그래퍼로 일했다. 프리랜서에게, 외국인 노동자에게 급하고 위험한 일거리가 떠밀려 오는 건 세계 어디서든 마찬가지라, 처음 배당받은 일이 텐더로인을 촬영하는 것이었다. 총칼을 들고 카메라를 빼앗으려 덤비는 사람들을 걸핏하면 마주치기 때문에 경비원을 대동하지 않고는 안전하게 촬영을 할 수 없는 지역이었다.

외주 인력이라서인지 경비원을 붙여주거나 장비 보험을 들어주겠다는 이야기가 나오지 않았다. 일을 준 사람은 이 사실이 못내 미안한지 가고 싶지 않거나 위험하다는 생각이 들면 거절해도 괜찮다고 덧붙였다. 하지만 드물게 주어진 기회를 마다할 처지가 아니었고, 피하고 싶지도 않았다.

삼각대를 펴고 카메라 장비를 설치하며 슬쩍 둘러본 텐더로인 지역은 '찍을 거리'가 많았다. 땡볕 아래 쓰러져 있는 노숙자가 애타게 팔을 뻗어 물을 찾고 있었고, 마침 지나가던 사람이 물병을 하나 건네주고 있었다. 보도블록 끝 축축하게 웅덩진 곳에는 쓰레기와 함께 버려진 주삿바늘이 뒹굴었다. 중독자들은 흔들리는 눈동자로 카메라 쪽을 노려보았다. 원래 색이 어땠는지 가늠할 수 없을 만큼 때가 절고 닳아 찢어진 옷자락을 질질 끌며 걷거나, 바닥에 힘없이 무너져 내리고는 했다.

마약 거래는 노골적일 만큼 공공연하게, 하지만 재빠르게 이루어졌다. 사람들이 무리를 지어 모여있는 모습을 잠시라도 지켜보고 있노라면, 마약상에게 돈을 건네고 마약을 건네받는 손들의 움직임을 알아차릴 수 있었다. 카메라 렌즈를 광각에서 망원으로, 망원에서 광각으로 바꿔 끼우며 눈앞에서 펼쳐지는 순간들을 포착했다. 텐더로인 지역의 골목골목에서 주워 모은 이런 시각적 조각들은 텐더로인을 화면 위에 그려내는 데 꽤 효과적인 재료가 되어줄 것이었다.

촬영을 마친 뒤 편집 프로그램으로 잘게 썰고 이어 붙여본 텐더로인에는 통증이 가득해 보였다. 마약에 취해 정신을 차리지 못하는 사람들, 캘리포니아의 땡볕 아래에 널부러진 갈증과 굶주림, 거적때기를 둘러놓은 텐트와 버려진 소파와 누더기 이불로 쌓아 올린 그들의 성곽, 사람들에게 주입된 마약의 양과 횟수를 암시하는 듯한 무수한 주삿바늘, 수분과 지방이 극도로 빠져 골격에 들러붙어 버린 얇은 피부, 초점이 없는 눈, 홀쭉하게 패인 뺨.
굳이 말을 덧입히지 않아도 전달이 가능해 보이는, 혹은 말을 덧입힐 필요 없는 부분만을 긁어모은 듯한 장면이었다. 텐더로인 거리의 시각적 정점만을 수집한 듯한 컷이었다. 이 조각 모음은 일을 의뢰한 언론사를 만족시키기 충분했지만, 원본 파일을 넘기고도 어쩐지 찝찝한 느낌을 지울 수 없었다.

촬영하는 동안 이 사람들과 주고받은 대화는 고작해야 "이봐, 날 찍지 말라고"라는 외침에 대답한 정도였다. 좀 더 정확히는, 카메라를 빼앗기지 않기 위해 몸 중앙에 기계를 딱 붙인 채로 그 고함에 연신 고개를 끄덕이며 프레임을 조정한 게 거의 다였다. 어떤 이들은 카메라의 시선으로부터 자신을 보호하려 얼굴을 가리거나 소리를 질렀지만, 길에서 잠들어 있거나 의식이 없는 채 쓰러져 있는 사람들은 자신이 찍히는 줄도 모르고 고통의 스크랩에 포함되었다. 눈에 보이는 당신들의 생활 수준이 열악하고 마약을 하며 길에 나앉아 있으니 이것이 바로 고통이라는 프레임 아래 그들의 일상이 조각조각 해체되어 편집기 위에 올라와 있었다.

드러난 공간인 거리에서 누구나 볼 수 있는 곳에 그들이 자신을 노출하고 있으니 이런 촬영은 대체로 적법했다. 그럼에도 촬영본을 들여다볼 때마다 타인의 삶을 멋대로 엿본 것처럼 느껴졌다. 홈리스가 살아가고 있는 공간이 거리이기에, 프라이버시를 지켜줄 벽이나 건축물이 없기에 그들의 일상을 마음껏 볼 수 있는 자유가 나에게, 대중에게 주어지고 있었다. 마약에 중독된 홈리스에게 자신을 감출 자유와 기록당하지 않을 자유가 다른 사람들에 비해 현저히 적게 주어지고 있고, 이것은 계급적, 인종적 사회 구조와도 연관되어 있었다. 어떤 취재는 무엇이 고통인지에 대한 기득권의 무신경한 정의이기도 하다.

첫 촬영에서 내가 인터뷰한 쪽은 텐더로인 지역을 사법적으로 더 강하게 제재하고, 재활을 받을 수 있는 사회안전망을 정부 차원에서 늘려주기를 원하는 마약 중독자 가족들이었다. 그들은 마약 거래를 거의 단속하지 않다시피 하는 샌프란시스코 주 정부 때문에 가족을 텐더로인에 빼앗겼다고 주장하고 있었다.

이들의 렌즈를 통해 보면, 텐더로인을 이루고 있는 건 가족도 버린 채 길에 나앉은 마약 중독자와 이를 단속하지 못하는 당국의 나태함, 사람의 생사에는 관심 없이 이득만 취하는 마약상들의 악행, 결국 그 생태계를 현상 유지하는 데 기여할 뿐인 비영리단체들의 자원봉사 정도였다. 이 정도의 관점을 나눠받은 채 촬영한 컷들은 누가 봐도 물리적 고통처럼 보일 만한 것에 집중되어 있었다.

텐더로인을 촬영한 뒤에 마음에 남아있던 버스럭거림을 곱씹기 위해 그 뒤로 더 자주 텐더로인을 걷기 시작했다. 때로는 카메라를 들고, 때로는 카메라를 들지 않은 채였다. 혹여 이 문제를 조금 더 긴 다큐멘터리로 다룬다면, 텐더로인의 하루를 그저 시각적으로 납작하게 포착하는 데서 나아가 맥락과 이해를 영상에 입체적으로 덧입히는 것이 가능할지도 모르겠다는 생각이 들었다.

동양인이 거의 없는 텐더로인 거리를 걷는 나는 인종적으로나 차림새로나 외지인처럼 보이곤 했다. 고작해야 샌프란시스코 국제 공항에 착륙한 지 갓 1년이 지난 유학생이자 외지인으로서, 이 거리의 고통을 내가 어디까지 이해할 수 있을까? 단순히 겉으로 노출된 것들을 나열해 기록하는 것에 그치지 않고 이 거리의 시공간 속으로 어디까지 파고들 수 있을까? 언어적 한계와 인종적 장벽을 답답해하며 스스로에게 물었다.

모국어가 다르다는 것은 중요한 맥락을 완전히 놓쳐버릴지도 모른다는 공포를 주곤 했다. 그들이 내 바로 앞에 쓰러져 있는데도, 인종은 두터운 거리감으로 작용했다. 그들의 살갗과 나의 살갗의 색이 비슷하지 않다는 감각은 나와 덜 닮은 고통에서 나를 분리하고, 몰아내고는 했다. 모국의 공동체 안에서는 허우적대지 않고 바로 잡아채 느낄 수 있었던 직관적인 감정이입으로부터 나를 걷어차 내는 것만 같았다.

육체적 고통으로 일그러진 이마라는 시각적 기호와 신음소리라는 청각적 기호를 읽어낼 수 있음에도 그들의 감정에 아주 완전하게는 이입할 수 없을 것 같다는 두려움이 들었다. 이러한 염려 위로, 백인 기자들이 세계 분쟁 지역 어디에서든 편안하고 자연스럽게 그 사안의 최고 전문가인 양 특파원으로서 보도를 한다는 사실이 불편스레 포개져 올 때도 있었다.

텐더로인을 다시 걸을 때는 그 거리를 더 많은 개별의 얼굴들로 바꿔내기 위해 공을 들였다. 자원봉사자들, 마약에 취하지 않은 기간을 보내는 중이라 비교적 맑은 정신으로 이야기하는 중독자들, 전직 마약상들에게 말을 걸었다. 헤로인과 코카인, 암페타

민, 펜타닐을 팔에 직접 찔러 넣어 주사하는 사람들의 이야기를 들었다. 프리즌 타투라고도 불리는, 눈 아래 눈물방울 문신을 한 사람들에게 이야기를 듣기도 했다. 주로 교도소 안에서 복역수끼리 서로에게 해주는 이 문신이 장기 복역을 의미하기도, 저지른 살인의 수를 의미하기도 한다는 건 나중에 알았다. 이들의 목소리를 겹쳐 만든 렌즈에는 조금 더 다양한 방향에서 상이 맺혀왔다.

마약에 중독된 자녀를 찾는 부모들이 전단지를 들고 헤매는 일이 수도 없다는 걸 배웠고, 이 부모들을 앞세워 텐더로인의 현재 모습을 비난하는 일을 정치적 자산으로 이용하려 하는 무리가 있다는 걸 알게 됐다. 이 지역의 고통을 의도적으로 전시하려는 무리가 있고, 그 흐름이 개혁적 성향의 지역 검사장을 소환하려는 움직임과 맞닿아 있다는 것도 알아차렸다.

또 한 중독자를 마약 중독에서 벗어나도록 하는 일이 성인으로서의 자기결정권과 맞물려 가족의 무리한 욕심이나 강압처럼 비치는 측면이 있을 수 있다는 것도 배웠다. 응급용 마약 해독제인 나르칸을 늘 구비하고 있는 자원봉사자들에게선 중독자들이 약물을 과다 복용하진 않을지 한순간도 긴장을 놓지 못한 채 대기한다는 이야기를 들었고, 자원봉사자들 중에 이제 갓 중독에서 벗어났지만 언제 다시 중독으로 돌아갈지 알 수 없는 사람들이 꽤 된다는 사실 역시 귀납적으로 알아나갔다.

다만 하루에 얼마나 많은 사람에게 나르칸을 뿌려주고 있는지,

그리고 하루에 몇 명이 이 지역에서 죽어나가고 있는지에 대해서는 누구도 정확한 숫자를 알려주지 않았다. 그 지점에서는 모두의 입이 조개처럼 다물렸다. 언론 비슷한 것에라도 절대 발설하지 말라는 지시가 있다고들 했다. 하루에도 몇 번이고 텐더로인에 들이닥쳐 귀가 찢어질 듯한 사이렌을 울리는 응급차들만이 그 거리가 감당하는 죽음의 질량을 가늠케 했다.

텐더로인 지역을 걸으며 모은 정보의 양과 관점의 다양성이 불어나고 있었지만 이해 집단들의 관계도만이 선명하게 그려질 뿐, 어떤 관점이 가장 중립적인지, 그저 중립적인 척 한 발짝 물러서서 여러 집단의 입장을 나열하는 게 맞는지 판단하기는 쉽지 않았다. 숱한 입장들 속에서 저널리즘의 관점은 이곳이라고 자신 있게 좌표를 찍기가 어려웠다.

그 망설임은 이방인이자 서방 세계 속 동양인이라는 나의 정체성에서 오는 것이기도 했다. 여러 질문이 해결되지 못한 채 내 안을 시끄럽게 했다. 한국 사회를 취재할 때는 자주 잊고 있었던 질문들이기도 했다. 나는 이 이야기를 잘 이해하고 있나? 나는 과연 이들의 이야기를 전달하기에 적합한 사람일까? 이 이야기를 다룰 수 있는 가장 적합한 사람이 있다면 그건 누굴까? 이 고통을 이야기할 권리는 대체 누구에게 있는 걸까?

어째서 같은 인종, 국가와 모국어라는 테두리 안에서는 훨씬 쉽고 가깝게 타인의 고통에 이입하고 그들의 고통을 거의 이해했다고, 그들을 대변할 수 있다고 자신할 수 있었던 걸까? 인종만이 아니라 신자유주의 경제체제 속 계급 또한 오해의 장벽을 쌓기 충분했을 텐데 내가 미처 인지하지 못했을 뿐이었던 건 아닌지, 중산층 기자들이 '사회적 약자'를 대변한다며 쪽방촌에 들이닥치는 풍경이 얼마나 침략적인지 계속해서 묻게 했다.

인종과 언어, 계급이 거리감으로 다가왔다. 이 거리감은 고통의 뒤틀린 원근법으로 작용하고 있었다. 근거리의 고통이 내게서 더없이 멀게 느껴지기도 했고, 원거리의 고통에도 내가 관통당한 듯 전율하기도 했다. 아시아인 증오범죄가 벌어졌을 때, 애틀랜타 Atlanta에 위치한 스파에서 벌어진 총기 난사 사건으로 한국인 여성들이 희생되었을 때 아시아 여성으로서 나는 무서울 정도로 가깝게 그 고통을 느꼈다. 나 자신이나 가족이 피해자가 되어 죽어있는 듯 눈물이 나왔다. 이 반응은 거의 반사적이었는데, 아시아계 기자들이 총기 난사 사건을 보도하기에 앞서 자신의 인종차별 경험을 나열하며 당사자성을 이야기한 것과 마찬가지였다.

그러나 눈물을 닦아낸 뒤, 거울에 비친 모습은 대학원 석사 과정생이자 안정적인 비자를 받아 미국에 체류하고 있는 사람의 얼굴이었다. 이민을 와서 당장 생계를 위해 스파에 취직해야 했던 여성들보다 훨씬 안전한 지대에 머무르고 있는 내가 '같은 위험에 처할 수 있었다'고 주장하는 건 기만 아닐까? 우리는 인종과 언어, 계급을 모두 뛰어넘어 누군가의 고통에 대해 말할 수 있을까?

사람들은 여러 방식으로 고통의 이미지와 관계를 맺는다. 가장 즉각적인 반응 중 하나는 연민이다. 사진 아래 고펀드미^{GoFundMe} 링크, 계좌번호나 이체가 가능한 ARS 번호 등 그를 도울 수 있는 방법이 적혀있다면 우리는 구원자나 조력자의 위치에서 다소 편안하게 연민을 소화해 낼 수 있다. 때로 우리가 그들에게 무언가 해줄 수 있다는 효능감은 거리감과 정보 부족, 어긋난 문화적 맥락 정도는 가볍게 뛰어넘는 것처럼 보이기도 한다. 그러나 포착된 고통이, 이 숱한 장벽 속에서 겨우 기록자의 눈에 띄었던 고립된 파편일 뿐이라면 어떤가?

돌이켜보면 공감이라는 영역에 접어들기 전에 너무나 많은 장벽이 존재한다. 인종과 언어, 젠더, 계급과 같은 요소가 우리를 구분 짓는다. 이외에도 우리가 개인으로서, 이해집단으로서 세계를 경험하는 방식은 수십억 갈래일 것이다. 한 사람의 고통으로 다른 사람을 안내하기 위해, 독자와 시청자를 공감과 연민이라는 지점에 데려가기 위해 사용할 수 있는 언어를 찾아내는 일이 그래서 중요해진다. 이는 취재원과 기자가 서로의 피부에 갇힌 무수한 장벽을 뚫고 보편의 언어를 발견하는 일이기도 하다.

공감을 하기 위해 보편씩이나 필요하다는 생각은 일견 편협하기도, 좌절스럽기도 하다. 그러나 맥락에 대한 부연 설명 없이도 와닿는 남의 사정 같은 건 거의 없다. 말하지 않고도 알 수 있을 것만 같은 사정은, 실은 같은 문화적 맥락에서의 추체험이나 같은 공동체가 공유하는 지식에 기댄 경우가 대부분이다.

그리하여 지금 고통에 대해 쓰인 어떠한 글을 읽는 일이, 멀리 떨어진 우크라이나에서 피를 흘리며 죽어가는 어떤 아이의 사진을 보는 일이, 독자인 무수한 '나'와 진정으로 연결되어 있다고 느끼게 하기 위해 기자들은 별별 기법을 다 쓰곤 한다. 논픽션으로는 도저히 다 담아낼 수 없는 전쟁의 참상을 더 생생하게 전하기 위해 픽션으로 표현하려는 저널리즘 사조가 있을 정도다. 이와 같은 인공적 물풀로 나와 타인의 감각을 끈끈히 붙여보려는 지난한 시도의 흔적에서, 나는 역설적으로 소통의 무한한 불가능성을 느끼곤 한다.

텐더로인을 걸은 순간들은 나에게는 소통이 불가능한 지점을 인정하고 의식했던 시간으로 기억된다. 결국 그 거리에 대한 다큐멘터리는 만들지 못했다. 여러 사정으로 다큐멘터리를 찍을 수 없게 되었을 때 부끄럽지만 약간 안도하기도 했다. 그 시점에서, 내가 이 사안을 다루기에 적합한 저널리스트라고 생각하지 않았기 때문이었다.

수도 없이 이런 질문을 던지는 내게, 한 초로의 백인 기자는 이런 말을 했다. "내가 기자로서 느꼈던 가장 큰 전율 중 하나는, 아프리카 지역에서 일어난 전쟁을 취재하고 있을 때 현지 취재원과의 관계에서 일어났던 교감이었어. 요즘의 정체성 정치가 제한하는 어떤 가능성들에 대해서 동의하지 않을 때가 많아. 만일 네가 동양인 여성만을 취재하고 내가 백인 남성만을 취재할 수 있다면 그건 너무나 지루하고, 상상력이 부족한 세계 아닐까?"

그의 말을 이해한다. 하지만 어떠한 이야기를 다 이해하지 못할 수 있다는 그 불안한 아득함을 그저 인정하고, 타인에게서 온 이야기를 세계에 펼칠 수 있는 자격과 적합성에 대해 고민하고 반추하는 게 좀 더 정직한 저널리즘 아닐까 하는 생각을 접기 어려웠다.

말하지 않고도 알 수 있는 남의 사정 같은 건 없다.
인종과 언어, 계급의 장벽을 넘어서기 위해서는
역설적으로 소통의 무한한 불가능성에 대한 인정이 필요하다.

사적 애도를 위한
공적 애도

✖

사적인 애도에 대해 적으려면 장면이나 감각의 파편에서 출발해야 한다. 간호사가 혈관을 잘못 잡을 때면 흰 침대보 위로 하염없이 흘러내리던 아까운 피. 사람의 살이 아닌 점토처럼 탄력 없이 굳어가던 몸. 죽음이 두렵다고 말하는 대신 처음으로 터뜨리던 눈물. 임종이 가까웠다며 그의 침대맡까지 찾아와 기도하던 사람들. 그조차 미워서 내쫓고 싶던 갈 데 없는 분노. 환자감시장치에 아무런 신호도, 소음도 남지 않던 날. 희누렇게 식어가는 그의 귀를 동생과 함께 붙잡고 속삭이던 사랑한다는 말. 곧이어 얼굴 위로 덮이던 새하얀 천. 염습이 끝난 피부에서 나던 향과 윤기. 이마에, 눈꺼풀에, 손끝에 손을 대봐도 느낄 수 없던 온기. 흰 장갑을 낀 손으로 그의 사진을 꽉 쥐고 선산으로 가던 길. 영정 사진 액자 위로 떨어진 눈물 한 방울이 굵은소금 알갱이처럼 굳어가는 모습. 흙. 흙. 삽. 흙. 관 위로 던져 넣었던 세 딸의 사진. 다시 흙. 봉분. 이 말들을 문장으로 완성하거나 이음매를 잘 봉합하여 하나의 이야기로 만드는 건 나에게 가능한 일이 아니다.

개는 참 독해, 아버지가 죽었는데 울지도 않아, 라는 말을 누군가 했다고 친구가 전해주었다. 당사자가 아닌 사람이 애도의 방식을 평가할 수 있다는 사실에 놀랐다. 장례 절차를 마치고 일상으로 돌아가 아무 일도 겪지 않은 척하는 중에 들은 말이었다. 아버지의 죽음을 믿지 않고, 받아들이지 않고, 그런 일이 없는 체하면 무너져 내린 모든 걸 제자리로 되돌릴 수 있을 것 같았다.

대신 이런 일을 했다. 음식점에 갈 때면 오른쪽 의자를 약간 빼두었다. 그가 좋아하던 반찬 몇 가지를 집어 들어 그 의자 앞으로 밀어두었다. 가끔 그의 핸드폰 번호로 문자를 보냈다. 전화를 걸고 신호음을 오래도록 들었다. 그 끝에 목소리가 돌아오지 않음을 견뎠다. 끝없는 부재중. 시공간을 약간씩 비틀어서 그의 존재를 나의 일상에서 빼지 않고 이어간다면 죽음을 지울 수 있을 것 같았다.

몇 달이 지났다. 잃어버린 부분을 몸에서 덜어낸 듯 체중을 잃었다. 산 사람은 살아야 한다는 말을 들었다. 고유한 애도의 모습을 세간의 규정에 억지로 끼워 넣는 것 같았다. 그 진부함을 집어 들어 뺨을 때리고 싶었다. 그러던 어느 날 새벽에 홀로 깨었을 때,

방 안에 가득한 부재를 느꼈다. 새벽의 아슴아슴한 빛깔은 시간과 공간을 거슬러, 새벽 동해 앞바다에 허리춤까지 담근 채 "바다 안에 오줌을 쌌다"고 상쾌하게 외치며 돌아보던 젊은 아버지의 얼굴을 돌려주었다. 남아있는 산 사람이 되고 싶지 않았다. 살아있기에 살아야 한다는 당위가 싫었다. 짐승처럼 소리를 내며 길게 울었다.

상실과 슬픔, 우울과 기억은 애도와 정교하게 얽혀있는 단어다. 우리는 각자의 삶 안에서 사적인 애도의 순간을 맞이한다. 모두가 태어남과 죽음을 몸 안에 품고 있고, 인간의 생몰에는 시차가 있다. 상실은 그 시차 안에서 발생하는 보편적인 경험이기도 하지만, 현대에 들어서는 흔히 내밀하고 개인적인 경험으로 간직되어 왔다. 애도는 그리하여 고독이나 고립이라는 단어와 연결되어 한 개인의 고유성 안에 자리 잡는다. 장례 절차 역시 주로 친족과 친구 집단 위주로 조용하고 신속하게 처리되곤 한다.

그래서인지 뉴스룸에 들어가 일을 시작하게 되었을 때 건드리기 두려웠던 일 중 하나가 죽음과 상실을 취재하는 일이었다. 금기시되는, 사적인 영역을 침범하는 것처럼 보였다. 시신의 형상을 찍거나 애도하는 사람들의 얼굴을 담는 일. 남겨진 이들에게 그가 생전에 어떤 사람이었는지 묻는 일. 타인의 이해와 공감의 영역으로 완전하게 끌어오기에, 애도는 지나치게 사적인 것 같았다. 누군가의 죽음, 그리고 그에 따른 애도를 온전히 전달할 수 있을까. 사적인 애도에 따르는 고독과 고립을 겪은 적이 있기에, 애도를 누구나 볼 수 있는 광장으로 끌어내 공감이나 연대 따위의 말로 다시 묶어내려는 시도가 처음엔 막막해 보였다.

하지만 곧, 보도가 하는 애도는 전혀 다른 방식으로 구성된다는 걸 알게 됐다. 일단 보도의 영역으로 넘어온 애도는, 더 이상 사적인 애도만이 아니게 되었다. 대형 사고 현장이나 병원 응급실, 장례식장처럼 죽음의 기운이 감도는 장소로 일이 나를 떠밀 때면, 유족을 만나 긴말을 보태고 살을 붙여도 결국 하고자 하는 말은 같다는 생각이 들 때가 있었다. 언론사가 판단한 어떠한 이유로 죽음에 대해 세상에 알리고 싶으며, 당신이 겪고 있는 상실에 대해서도 우리가 찍고 말하겠다는 말. 당신의 고통을 보여달라는 말.

상실에 대한 애도의 과정을 다섯 단계로 나눈 이론에 따르면 부정과 분노가 그 초기 단계다. 유족이 심정적으로 다 받아들이지도 못한 죽음을 확정적으로 다루겠다는, 필패할 것처럼 보이는 제안이 얼마나 자주 받아들여지는지를 떠올리면 마음이 아슬아슬해졌다. 그들이 우리 손에 맡겨주는 게 무엇인지 곱씹게 되었다.

수학여행에 가려고 배에 탔던 자식을 물에서 잃은 부모, 열차에 치여 숨진 사람이 사고를 당한 건지 스스로 목숨을 끊은 건지 영원히 알 수 없게 된 유족, 성폭력 피해를 당한 뒤 숨진 젊은 여성의 가족, 학교 폭력 생존자로 살아가다 우울을 이기지 못한 아이의 마지막을 직접 목격한 부모. 그런 사람들이 기자 앞에서, 카메라 앞에서 입을 열었을 때 그들의 슬픔에는 어떠한 일이 일어나고 있었던 걸까.

물론 인터뷰를 한 뒤에도 각자에게 제 몫의 애도가 주어지지만, 보도된 슬픔은 그 몸집을 부풀리며 전혀 다른 생명을 가지게 되었다. 단적으로 말해 슬픔의 겉을 기록해 보도하는 이유 중 하나는 슬픔 바깥에 있는 많은 사람에게 감정을 전염시키려는 것이다. 비록 촘촘하지 못하고 성긴 감정일지언정 인간에게 타인의 슬픔을 보며 함께 슬퍼할 수 있는 능력이 있다는 걸 전제하고 벌이는 일이다.

애도의 보도라는 기획 아래서, 사람들은 사적 애도를 간접 체험하고, 사회적 애도를 직접 체험한다. 슬픔에 불순물이 끼어드는 것을 잘 견디지 못하는 사람들은 공적인 슬픔은 위선적이라고 쉽게 비난하기도 한다. 그러나 느끼는 슬픔의 농도는 각기 다르지만, 슬픔을 느끼는 집단의 외연이 넓어진다. 촛불이 일렁이며 광장을 메우는 날에는 그걸 눈으로도 확인할 수 있었다. 나의 슬픔처럼 분명하지는 않지만, 광장에 드러난 채 반짝이고 찰랑이는 공동체적 슬픔을.

애도에는 죽음과 상실이 앞선다. 상실이라는 구멍은, 우리가 가졌다가 잃은 것이 무엇인지를 알려주는 기호다. 또한 우리가 욕망하고 바라왔던 것, 가졌다고 상상한 것이 무엇인지를 비추는 어두운 거울과도 같다.

한 공동체가 슬퍼하기로 결정한 죽음을 들여다보면 그 사회가 욕망하는 사회의 모습을 알 수 있다. '우리'가 무엇을 잃었는지를 생각하도록 주어의 영역을 확장해 준다. '무엇을 애도하는 사회인가', '이 죽음은 애도할 만한가'라고 질문을 던지고 답변하는 과정은, 적어도 그 사회에 무엇이 결핍되어 있는지 정도는 눈치챌 수 있게끔 한다. 기저에 깔려있던 문제에 대한 사회적 불만 위에 죽음과 상실이 하나의 예시로써 얹힌다. 단편적이지만 전체적인 그림을 충분히 제시하는 그 사례로 인해, 어렴풋했던 문제는 사람들이 이입하고 이해하기 쉬운 이야기가 된다. 무엇을 잃었고, 무엇을 고쳐야 하는지 알게 한다.

애도는 이때 정치로 흐른다. 공적 애도 안에서 자주 가치를 다투는 씨름판이 벌어지고, 사회적 합의 과정이 힘겹게 겨루기를 펼치는 일은, 그래서 자연스럽다. 우리가 무엇을 잃었는지 사유하고 고쳐나가려는 시도 안에는 성실한 슬픔이 깔려있다. 이럴 때 사회적 애도를 지나치게 '비이성적'이고 '감정적'이라며 사적인 영역에만 밀어 넣으려 하는 건, 개인의 애도 과정에 대한 존중이 아니다. 사적이라는 건 보이지 않도록 감춘다는 것과도 비슷한 질감의 단어다. '애도를 정치적으로 이용하지 말라'는 구호는 국가나 기업이 다루기에 까다로운, 감정을 가진 공동체를 효과적으로 통제하기 위해 애도의 사적인 속성을 이용하는 것에 불과하다. 시위로 이어지는 공적 애도의 진정성을 두고 매번 시비가 붙는 건, 사회의 체질을 바꾸려는 시도에 대한 반발 작용으로도 보인다.

상실의 과정에서 인간은 기억을 재료로 애도를 이어간다. 우리가 잃은 것이 무엇인지를 끊임없이 논의하고 되새겨야 하는 공적 애도의 상황에서, 언론이 들려주는 이야기가 대개 기억에 관한 것이라는 건 자연스러운 일이다. 이때의 애도는 문장으로 완성하고, 이음새를 잘 봉합해야 한다. 이야기는 구체적일수록 좋다. 죽은 이를 숫자로 남겨두지 말고 이름이나 얼굴이 등장할수록 좋다고 여겨진다. 왜 죽었고, 누가 죽였는지에 대한 정연한 이야기가 필요해진다. 파편으로밖에 남을 수 없는 외로운 사적 애도를 위해 공동체가 함께해 줄 수 있는 일은, '왜', '무엇을', '어떻게'와 같은 구성성분이 제자리를 찾도록 하여 이야기를 완성시키는 것 정도다. 공적 애도에서 진상 규명과 책임자 처벌이 자주 화두가 되는 이유가 여기에 있다.

길거리를 오가는 타인들을 본다. 우연히 동시대에 태어나 같은 공간을 나누어 쓰며, 서로를 스쳐 지나가는 타인들. 때로 같은 숨을 나누면서도 별다른 공통점이 없는 이들을, 감정을 공유하는 공동체로 묶어 공적인 애도를 해내는 일은 가능할까.

때로 나는 그런 사람들을 본다. 이미 최악의 고통과 끔찍한 상실을 겪어낸 뒤에 기자에게 다가오는 사람들. 공론화를 시작하는 사람들. 이미 그의 세계는 다 망가져 폐허가 됐다. 아마도 그는 자신의 이야기를 바늘 자국 없이 이어내는 데 곤란을 겪고 있을지도 모른다. 그는 다만, 잔해 속에서 부러진 나뭇가지를 집어 들어 고통을 막을 수 있는 길을 가리킨다.

내가 만난 사람 중에선 불법 약물에 어린 사춘기 아들을 잃은 어머니가 그랬고, 침몰한 배와 함께 아이를 잃은 부모들이 그랬으며, 잔악한 집단학살에 가족을 잃은 유족들이 그랬다. 자신의 고통을 대중 앞에 꺼내든 사람은 취약해진다. 사적인 감정은 스스로 처리하라는 나무람이나 이제 그만할 때가 되었다는 짐짓 이성적인 체하는 반응도 따라붙는다. 그러나 그들이 자신의 트라우마를 반복 재생하면서까지 해내려는 일이 무엇인지 짚어본다면 이런 말들은 힘없는 잡음에 불과해진다.

상실과 슬픔, 우울과 기억의 혼돈 속에서 그들은 뒷이야기를 새로 쓰려고 한다. 같은 이름의 다음 고통을 막기 위해. 이들의 선한 의도는 언론이 좋아하는 영웅담의 소재가 되기도 하겠지만, 우리가 그보다 더 오랫동안 바라봐야 하는 건 그들이 나눠주고 이식해 준 기억 자체일지도 모른다. 제대로 슬퍼하려면 기억을 나누어야 하고, 필요한 만큼 충분히 오래 슬퍼하려면 기억을 되살려야 한다.

언론이 하는 일은 겪은 이들과 겪지 않은 이들 사이에서, 기억의 연결고리가 깜빡이다 꺼지지 않도록 기능하는 일일지도 모른다. 공적인 애도에 대해 적으려면 이야기에서 출발해야 한다. 이야기가 때론 이야기에 불과하고, 지나치게 매끈히 다듬어진 이야기는 오히려 해체가 필요할지도 모르며, 우리가 이야기를 통해 이해할 수 있는 일에 한계가 있다는 위험성을 또렷이 기억하면서. 기억을 듣고, 이야기로 꿰어서, 이해로 마음을 집어넣는 일이 쉬워지면, 슬픔을 나눈 공동체를 상상하는 게 가능할지도 모르니까.

누군가의 애도가 우리의 애도가 되고 결국 우리를 바꿔놓을 수 있도록.

같은 이름의 다른 고통을 막기 위해 일어선 사람에게
공동체가 함께해 줄 수 있는 것.
'왜', '무엇을', '어떻게'와 같은 이야기의 구성성분을 완성하는 것.
즉 진상 규명과 책임자 처벌.

✖

영원히 움직이는
텍스트

늘 정확한 질문을 하고 싶었다. 둥글게 휜 포물선처럼 선명한 흔적을 남기며 날아가, 깔끔하게 과녁을 맞히는 질문. 호기심에도 경쟁이 있다는 걸 기자들 틈에서 함께 질문을 하며 알게 됐다. 기자회견장은 열린 공간 안에서 질문이 허락된 독특한 장소였다. 질문과 답변이 공개적으로 오가고 기록되고 있다는 것을 모두가 아는 상태에서 벌어지는 연극적 무대에 가까웠다. 이름을 밝히고 준비한 질문을 한다는 건, 이름을 가지고 먹고사는 기자들에게는 매일같이 벌이는 명예 게임의 일부일지도 몰랐다. 민첩한 재치, 영민한 지성, 무엇보다 사안을 날카롭게 꿰뚫는 통찰에는 불행히도 기자마다 차이가 있었다. 타인을 거울로 자신의 재능을 재어보는 일은 비록 속물적인 것이었지만, 질문을 거듭 단련하도록 했다.

머릿속에서 갈고닦은, 답변에 대한 상호 작용인, 혹은 충동적으로 던진 질문들이 쏟아져 나올 때면, 예상치 못했던 것을 듣게 되는 쾌감 때문에 귀를 세우게 되었다. 질문과 답변, 질문과 질문이 맞붙어 알맞은 화학반응을 낼 때에만 느낄 수 있는 전율이 있었다. 어떤 질문은 던지는 것만으로도 시공간을 살짝 뒤흔들기도 했다. 답을 절대로 들을 수 없다고 여겨지는 것을 물을 때면 질문을 더욱 가다듬었다. 그 질문은, 사실상 질문부터 이어진 침묵까지가 답인 채로 존재하게 되기 때문이었다. 질문에 대한 애호와 무엇을 물을 것인가에 대한 고민은 어쩌면 가장 오랜 시간 내 두뇌를 지배해 온 감각인지도 모른다.

이 책 안에서 물은 것들은 남은 질문들이라고도 할 수 있겠다. 뉴스 취재를 위해 수많은 질문을 던지고 결과물을 방송으로 내보낸 뒤, 퇴근길 차 안에서 축 늘어져 있으면 잔여물처럼 남아있던 질문들이다. 뉴스 제작을 위해 그날의 양식이나 무기로 쓸 수 있는 질문은 아니었지만, 밤늦게 사건 현장에서 돌아오는 길이면 명치 부근에 차곡차곡 칼처럼 쌓여가던 남은 질문들 말이다. 대단히 특출나거나 뛰어난 기자는 아니기에, 뉴스 업계의 관행에 맞추어 현실적인 최선을 다한 뒤에 뒤돌아서 살짝 머리를 긁적이게 되는 순간이 있었다.

더 나은 사회와 더 나은 공동체를 위해서 애쓰는 직업이라는 자기 최면은 나를 직업에 대한 긍지와 보람으로 반짝이게 해주었지만, 이러한 소임을 다하지 못하고 있다는 생각이 들 때면 자책감이라는 어둑한 구멍으로 끝도 없이 빨려들어가는 것만 같았다. 하나의 고통을 해결하지 못한 채 다른 뉴스로 자꾸만 넘어가야 할 때, 고통들의 우선순위를 정할 수밖에 없을 때, 대중의 뜨거운 적개심에 살갗을 데일 때 직업의 그늘을 받아들일 수밖에 없다고 느꼈지만, 한편으론 어떻게 하면 더 나아질 수 있는지를 또다시 자신에게 묻고 있었다. (종종 책 안에서 나의 일화가 등장하는 건, 그 생각의 과정을 되도록 진솔하게 공유하기 위함이었다.)

이 책에는 우리라는 주어가 자주 등장한다. 기자와 언론을 통칭할 때도, 뉴스 소비자들을 가리킬 때도, 사회를 일컬을 때도 우리라는 단어를 사용했다. 그런 범박한 구분의 부름은, 기자라는 공동체가 있다고 믿으며, 그리고 사회라고 부를 만한 공동체가 있다고 상상하며 쓰였다. 나는 이런 상상이 유용하리라고 믿었다. 우리를 '우리'라고 부르는 문장 안에서 우리의 공통된 성질들이 건드려지기를 바라며, 일반적인 서술로 포괄할 수 없는 것들을 과연 우리라는 말 아래로 나란히 집합시켜 볼 수 있는지 그 가능성을 시험해 보고 싶었다.

분열하고 또 분열해서 더 이상 우리라고 부를 만한 것이 남아있지 않다는 생각이 들 때에도, 적어도 그 문장만큼은 진실했다고 여겨지는 문장이 있기를 희망하며 우리로 시작하는 문장을 썼다. 무엇보다 나는 비유적 의미에서 뉴스의 주어가 우리라고 생각한다. 기사는 공동체가 있다고 상상하며 쓰는 글이고, 그 글의 효용을 얼마간 믿으면서 쓰이기 때문이다. 홀로 자취방에서 글을 쓰던 20대 청년이었던 나는, 기자가 되고서야 그런 글을 처음으로 써보았다. 나라는 주어로 시작하던 글이 우리를 생각하는 글로 옮겨갔고, 그 전환은 나를 덜 비좁은 인간으로 만들어주었다. 10년간 방송 뉴스를 만들고 또 프리랜서로서 다양한 언론사의 뉴스 제작에 참여하며 뉴스의 언어는 내가 가장 편안하게 쓸 수 있는 말이 되었고, 사고의 사고를 막아주는 부표가 되어주었다.

우리라는 말은 뉴스라는 언어를 쓰는 과정에서 늘 함께였다. 내가 기사를 작성하지만, 그 기사는 다른 기자가 다시 읽고 조금 수정하고, 취재 데스크가 보고 조금 더 수정한다. 그렇게 여러 사람의 눈으로 다듬어지고 손으로 움직여진 텍스트가 마침내 목소리로 녹음되어 영상기자의 편집과 함께 화면에 엉겨붙고, 음성과 화면을 갖춘 기사가 되어 방송으로 송출되고, 인터넷에 업로드된다. 세상에 나간 기사에는 댓글이 달리고 인용이 붙으며, 뉴스라는 텍스트는 콘텍스트와 텍스트가 동시에 불어나는 운명을 가지게 된다.

누군가 고치기도 하고 보아주기도 하는, 움직일 수 있는 텍스트. 이런 작업은 사람을 안심시키고 용감하게 하는 성질이 있었고, 이와 같은 경험은 내 손에서 떨어져 나간 텍스트가 영원히 움직였으면 좋겠다는 상상을 하도록 했다. 텍스트가 고정된 채로 출간되는 단행본을 내면서 이런 말을 하는 건 조금 이상하게 들릴지 모르지만, 나는 그런 유연한 가능성이 있기를 바라는 마음으로 이 책을 썼다.

어쩌면 이런 바보 같은 생각에도 가망이 있으리라고 생각해 보게 된 건 이 책의 편집자인 이정주 씨 덕분이다. 뉴스를 만들던 사람을 처음으로 책을 쓰는 작업으로 이끈 이정주 씨는, 이 책이 쓰이는 동안 깊게 읽는 두 눈을 가지고 곁에 있어주었다. 최초의 독자인 편집자의 존재는, 이 글에 틀린 구석이 있다면 틀림없이 말해줄 두 개의 눈이 더 생겼다는 의미이기도 했다. 책을 작업한 2022년 여름부터 2023년 여름까지, 편집자와 끊임없이 대화를 주고받았다. 그녀에게 한 챕터씩 보여줄 때, 우리는 아직 이게 고정되거나 완성된 상태의 글이 아니라는 걸, 아직 굳지 않은 유연한 점토에 열 손가락을 넣어 헤집듯이 뒤집고 덧대고 버릴 수 있다는 걸 알고 있었다. 그 미완성을 함께 채우고 고쳐나갈 수 있다는 낙관에 기대어 용기를 낼 수 있었다. 그녀의 촘촘한 읽기에 힘입어 한 문장과 한 문장, 한 문단과 한 문단을 부단히 고치고 압축하고 지워버리고 살을 덧붙이기도 하며 글을 계속 써 내려갔다.

이제 이 책은 인쇄에 들어가 마치 종이 위에 고정되어 버린 듯한 모습으로 세상에 나올 것이다. 급속도로 변해가는 세상에 뉴스에 관한, 게다가 뉴스의 윤리에 관한 책을 낸다는 게 얼마나 무모한 짓인지에 대해 문득 생각하다가, 뉴스를 완성해 방영하던 때와 비슷한 마음을 품기로 마음먹었다. 이 글이 여전히 움직일 수 있는 글이라고 생각하자고. 이 책이 조금이라도 건드린 뉴스의 뒷면이 있다면, 이 뒤에 사람들이 말을 더해서 대화를 시작하게 되기를 바란다고. 사람들의 대화 속에서 이 글이 계속해서 살아 움직이게 된다면 아직 끝이 아닌 거니까. 시대가 변하고 가치관이 변하고 상식의 외피가 변화하더라도, 사람들의 대화 안에서 영원히 움직이는 텍스트가 된다면 뉴스에 관한 책이라도 순식간에 낡아 버리는 일만은 피할 수 있으리라고 믿어보면서.

그 움직임 안에서 우리가 정확한 질문을 발견하기를 바란다.

2023년 여름 샌프란시스코에서.

참고한 책들

- 《감정 자본주의》, 에바 일루즈 지음, 김정아 옮김, 돌베개, 2010.
- 《고통받는 몸》, 일레인 스캐리 지음, 메이 옮김, 오월의봄, 2018.
- 《공감의 배신》, 폴 블룸 지음, 이은진 옮김, 시공사, 2019.
- 《무정한 빛》, 수지 린필드 지음, 나현영 옮김, 바다출판사, 2018.
- 《베들레헴을 향해 웅크리다》, 조앤 디디온 지음, 김선형 옮김, 돌베개, 2021.
- 《보통 일베들의 시대》, 김학준 지음, 오월의봄, 2022.
- 《사진의 이해》, 존 버거 지음, 제프 다이어 엮음, 김현우 옮김, 열화당, 2015.
- 《설명하기 지친 사람을 위한 데이터》, 스브스프리미엄·안혜민 지음, 스리체어스, 2023.
- 《섹스할 권리》, 아미아 스리니바산 지음, 김수민 옮김, 창비, 2022.
- 《시스터 아웃사이더》, 오드리 로드 지음, 주해연·박미선 옮김, 후마니타스, 2018.
- 《인생샷 뒤의 여자들》, 김지효 지음, 오월의봄, 2023.
- 《지방은 식민지다》, 강준만 지음, 개마고원, 2008.
- 《타인의 고통》, 수전 손택 지음, 이재원 옮김, 이후, 2004.

- 《The Heat will Kill You First》, Jeff Goodell, Little, Brown And Company, 2023.

주

* 전문을 옮겨온 경우를 제외하고, 저자가 직접 취재한 기사나 뉴스는 따로 출처를 표기하지 않았다.

* '들어가며'에서 부검 과정의 검수를 맡아준 조선대학교 의과대학 법의학교실 김윤신 교수 (전 국립과학수사연구소 법의학과장)에게 감사를 전한다.

1 한국기자협회, 〈재난보도준칙〉.

2 조앤 디디온, 김선형 옮김, 《베들레헴을 향해 웅크리다》, 돌베개, 2021.

3 〈Innovation Report〉, The New York Times.

4 스브스프리미엄·안혜민, 《설명하기 지친 사람을 위한 데이터》, 스리체어스, 2023.

5 이혜환·정지수, 〈강력범죄 피의자에 대한 신상 공개 – 판단기준 분석과 정책변동론의 적용〉, 경찰학연구 제19권 제13호, 2019.

6 "강호순 얼굴공개 언론도 입장 엇갈려", 연합뉴스, 2009.02.02.

7 특정강력범죄의 처벌에 관한 특례법(특정강력범죄법).

8 박수지, "지역마다 다른 범죄자 신상공개 결정, 컨트롤타워 생긴다", 한겨레, 2021.11.11.

9 김옥천, "유튜버가 '부산 돌려차기' 가해자 신상공개…사적 제재 논란", KBS 뉴스, 2023.06.05.

10,11 백경열, "범죄자 등 신상정보 무단공개 '디지털교도소' 1기 운영자, 항소심서 징역 4년", 경향신문, 2021.09.29.

12 이완, "'조선일보' 엉뚱한 사람을 성폭행범이라며 1면에…", 한겨레, 2012.09.01.

13 유선희, "조선일보는 왜 무고한 시민을 범했나", 한겨레, 2012.09.02.

14 김지은, "[뉴스AS] 흉악범 얼굴공개, 어떻게 생각하십니까", 한겨레, 2016. 05.09.

15 강병수, "헌재 '성범죄자 신상 공개 제도' 위헌 여부 정식 심리", KBS 뉴스, 2023.06.22.

16 금준경, "뉴욕타임스 혁신보고서 7년, 한국 언론이 '남긴 것'", 미디어오늘, 2021.05.19.

17 2020년 9월 6일부터 7일까지 부산MBC가 태풍 10호 하이선 접근에 대한 실시간 중계를 한 영상은 다음 유튜브 링크에서 볼 수 있다. https://www.youtube.com/watch?v=1VvHQ2GCLUM

18 뉴스페퍼민트, "기후변화로 더욱 부족해진 전기… 뒤집어 접근해보자는 제안", 스브스프리미엄, 2023.07.08.

19 대외경제정책연구원, 〈방글라데시 기후변화 영향 분석 및 시사점〉, 2022.

20 "기후변화 취약국 방글라데시가 찾은 해결책은?", BBC 코리아, 2022.03.07.

21 Jeff Goodell, 《The Heat will Kill You First》, Little, Brown And Company, 2023.

22 장현은, "[단독] 엄마는 SPC에 묻는다…'왜 그런 기계에서 일하라고 했나'", 한겨레, 2022.10.21.

23 "[사설] 중대재해법 시행 1년, 변한 게 없다는 노동자들의 절규", 경향신문, 2023. 01.25.

24 이승욱, "중대재해처벌법 첫 판결…원청 대표 징역형 집행유예 3년", 한겨

레, 2023.04.06.

25 선담은, "국힘, 50인 미만 사업장 중대재해법 시행 2년 유예 추진", 한겨레, 2023.09.07.

26 Daniel Hannan, "Vladimir Putin's monstrous invasion is an attack on civilisation itself", The Telegraph, 2022.02.26.

27 오드리 로드, 주해연·박미선 옮김, 《시스터 아웃사이더》, 후마니타스, 2018.

28 김인정, "어디서도 빌려오지 않은, 홍콩", VOSTOK 보스토크 매거진 19호.

29 방송기자연합회, "[특집] '편집된' 지역: '사건사고'와 '날씨'의 세계", 〈지역 저널리즘은 어디에 있는가?〉, 2014년 11, 12월호.

30 강준만, 《지방은 식민지다》, 개마고원, 2008.

31 장경욱, 〈지방대생의 목소리를 가장한 차별의 시선: 최종렬의 "복학왕의 사회학"에 대한 비판적 검토〉, 인문사회 21 vol.11, no.3, 통권 40호 pp.1051-1066, 2020.

32 안정훈·최원정, "방학인데도 출근하다 참변… 내가 아는 가장 착한 아이", 연합뉴스, 2023.08.20.

33 송서영, "'그 시간에 왜 혼자 운동하러 갔냐고요?'‥ '신림동 성폭행' 유족의 절규", MBC, 2023.08.21.

34 장나래, "'성범죄 예방 예산 삭감'…선거에 혐오하려고 나왔습니까", 한겨레, 2022.05.25.

35 김지효, 《인생샷 뒤의 여자들》, 오월의봄, 2023.

36 윤보라, 〈일베와 여성 혐오: "일베는 어디에나 있고 어디에도 없다"〉, 진보

평론 가을 제57호, 2013.

37 김학준, 《보통 일베들의 시대》, 오월의봄, 2022.

38 아미아 스리니바산, 김수민 옮김, 《섹스할 권리》, 창비, 2022.

39 윤보라, 〈일베와 여성 혐오: "일베는 어디에나 있고 어디에도 없다"〉, 진보
평론 가을 제57호, 2013.

40, 41 김수아, 〈[언론은 갈등을 어떻게 다뤘나2: 젠더 갈등] 갈등 키우는 온라인
커뮤니티 중계 보도 온라인엔 없는 '현실의 문제' 보도할 때〉, 한국언론진
흥재단 신문과방송, 2021.09.

42 김수아, 〈미투 운동 이후 한국 신문에 나타난 성별 갈등 보도 분석〉, 미디어
와 인격권 2019, vol.5, no.1, 통권 7호 pp. 95-139 (45 pages).

43 손가영·김예리, "살라미 전술로 젠더 갈등 키우고 '젝팟' 터뜨려 환호하는
언론" 미디어오늘, 2021.08.04.

44 김지수, "[김지수의 인터스텔라] '무례하면 세상이 좁아져… 세심한 조직·
인간이 살아남는다' 송길영", 조선비즈, 2023.01.07.

45 〈이대남 현상에 대한 인식〉, Media Issue 8권 2호, 한국언론진흥재단 미디
어연구센터, 2022.03.23.

46 수지 린필드, 나현영 옮김, 《무정한 빛》, 바다출판사, 2018.

47 이대희, "검찰총장 'JMS 정명석 엄정한 형벌 선고되도록 최선'", 연합뉴스,
2023.03.06.

48 이윤식, "법무법인 광장, JMS '신도 성폭력 재판' 변호인 사임한다", 매일경
제, 2023.03.16.

49 정철운, "넷플릭스 '나는 신이다'가 몰고 온 생각지도 못한 파장", 미디어오늘, 2023.03.07.

50 김두연, "'나는 신이다' 조성현 PD, '선정성 논란? 실제 수위의 1/10 수준'", 스포츠한국, 2023.03.07.

51 서동진, "반-다큐멘터리적인 다큐멘터리: 〈나는 신이다〉에 관한 짧은 메모", 웹진 Docking, 2023.06.19.

52 Homi K. Bhabha, 〈THE RIGHT TO NARRATE〉, Harvard Design Magazine 38: Do You Read Me?, 2014.

53 에바 일루즈, 김정아 옮김, 《감정 자본주의》, 돌베개, 2010.

고통 구경하는 사회

초판 1쇄 발행 2023년 10월 15일
초판 13쇄 발행 2024년 11월 30일

지은이 김인정
펴낸이 권미경
기획편집 이정주
마케팅 심지훈, 강소연, 김재이
디자인 [★]규
펴낸곳 ㈜ 웨일북
출판등록 2015년 10월 12일 제2015-000316호
주소 서울시 마포구 토정로 47 서일빌딩 701호
전화 02-322-7187 **팩스** 02-337-8187
메일 sea@whalebook.co.kr **인스타그램** instagram.com/whalebooks

ⓒ 김인정, 2023
ISBN 979-11-92097-63-3 (03300)

소중한 원고를 보내주세요.
좋은 저자에게서 좋은 책이 나온다는 믿음으로, 항상 진심을 다해 구하겠습니다.